庫

東京路地裏暮景色

なぎら健壱

筑摩書房

目次

第一章　町と時間を彷徨う

東京路地裏暮景色

写真・なぎら健壱

第一章　町と時間を彷徨う

新宿を彷徨う

新宿という街は、西口、東口、歌舞伎町、百人町等々隣り合っていながら、みんな違った顔を持っている。また昼と夜とでも違った顔を見せる。こんなにもいろいろな顔を持った街もまた珍しい。この街は一体なんなのだろう。いまだよくつかめないでいる。雑多という言葉が最も当てはまる街であり、下手をすると、一体ここは日本なのだろうかと見紛うこともある。

昔から足を向けているというのに、街がよそよそしいのだ。そしてまた、そんな街に対してよそよそしい自分がいる。いや、街と同化することを嫌い、よそよそしい自分を装っているだけなのかもしれない。

それならば、新宿には滅多に足を向けないのかというと、そんなことはない、月に三、四回は必ず足を向ける。しかしそのコースは大体決まっている。冒頭の西口、東口、歌舞伎町、百人町を歩いていても、ほとんど同じコースを歩いている。そして、勝手知ったる道を歩いていても、どこか落ち着かない眼をした自分がいることを知る。いずれ自分の目指すコースから外れ、人波に流されてしまうような気がしてならない。

しかしこれは今に始まったことでなく、若い頃から同じような感覚におちいっていた。そしてその感覚は、年々大きくなってきている。自分が都市の変わり様に、ついて行けなくなってしまったのかもしれない。考えてみれば新宿に限ったことではなく、都会という繁華な場所はそうした宿命の中に存在してきたのかもしれない。

新宿という街はドロドロしている。今の新宿もドロドロしているが、昔の新宿はもっとドロドロしていた。

——待てよ、同じドロドロでも、あの頃の新宿に対する感覚と、今の感覚はいささか違うぞ。

60年代から70年代にかけては、仕方ないと諦めにも似たような、内面のドロドロさがあった。それが今は、新宿に入り込んだ異質なものが無理矢理ドロドロさせているようにも感じる。そこにやるせなさがある。

この日もお決まりのコースを歩き、陽が落ちると同時に、お決まりの居酒屋で一杯飲《や》っている。

当然今宵もハシゴ酒ってことになるのかな。そういえば、酔った時はお決まりのコースから外れて歩いている。酔っ払いを誘う街だもんな……そんなこと、ハシゴ酒の理由にならねぇか。


新宿三光町の交差点から『三光白衣』の裏路地に入ると、その店『居留地』がある。あたしの他に客はいない。独りカウンターに座り、スピーカーから流れるカントリー・ミュージックに耳を傾けている。

眼をつぶるとカウンターの中にはマスターの姿があり、ウェスタン乗馬の話を熱っぽく語っているのである。

マスターが亡くなって何年経つんだろう。いつも隣に座って一緒に飲んでいた、ジミー時田も逝ってしまった。

この店を初めて訪れたのは、いつ頃だっただろうか……三十年も前になるか。

つらつらとワイルドターキーを飲り、この新宿に足繁く通っていた、70年代の頃を

三光町の裏路地にある『居留地』。マスターの遺影が……

思い出していた。

コマ劇場の地下に『ウィッシュボン』という、カントリー・ミュージックを聴かせるライブハウスがあった。同じ建物の一階、狭い通路にはエロ写真を売っている怪しげな店があり、あたしは茶封筒に入ったエロ写真を買って、何の変哲もないただのヌード写真にガッカリさせられ、『ウィッシュボン』のスイングドアをくぐった。

ライブハウス『ウィッシュボン』、そこで数多くのカントリー歌手と知り合い、またその空間の中にいられることが楽しくて仕方なかった。アーリー・タイムスをロックであおりながら、カントリー・ミュージックに接している時が、至福の時間でもあった。

ジミー時田から「ギター・ケースを持ってくれ」と言われると、嬉々としてそれをぶら下げて、ジミーさんの後ろに付いては飲み屋のハシゴをした。

「お前は日本語でカントリーを歌っていけ」と言われた頃である。

お目当てのミュージシャンが出ていない時は、コマ劇場の裏にあった『ジャックと豆の木』というバーに顔を出した。五、六坪しかない、小さな店であった。

初めてその店に足を踏み入れた時のことは失念してしまったが、もう四十年近く前の話である。所属していた事務所の某マネージャー氏がママの旦那、ということで通い出したのだと記憶する。その旦那が山下洋輔のマネージャーだったということもあり、坂田明や森山威男などのジャズ・プレイヤーも日参していた。他には漫画家の赤塚不二夫、高信太郎、長谷邦夫、山上たつひこ、上村一夫の面々。作家の筒井康隆。フォーク・シンガーでは、三上寛の顔があった。ここに当時やって来ていた著名人の名前を挙げれば、枚挙にいとまがない。そんな連中が若さに任せて無茶な飲み方をし、破天荒な遊び方をしていた。

ある日、赤塚さんから、「なぎら、凄いヤツを紹介するからな」と言われたことがあった。「どんなふうに凄いんですか？」と質問しても、赤塚さんはそれ以上言葉を繋がなかった。

三十分ぐらい経ったであろうか、「凄いヤツ」のことなどすっかり忘れて飲んでいると、突然ドアが開いた。居合わせた客の視線は一斉にドアの方に注がれた。

男はおもむろに店内に歩みを進めると、「今宵ここに集いし、迷える子羊たちよ。私はキリスト教の布教のために、こうして悪の巣窟を夜毎回っております」と、たどたどしい日本語でシャベリ始めた。しかしどう見ても日本人である。髪はキチッと七三に分けられ、背広のエリを立て牧師がよく着ている、スタンドカラーの上着のような按配である。手には聖書よろしく少年ジャンプを持っている。見ようによっては牧師に見えなくもないが、あくまで見ようであって、胡散臭さの方が当然勝っていた。

「なんだ、こいつは?」と思っているそばから、ツカツカと店内の真ん中に歩み出て、「神はこう申しております」と語り始めた。一旦言葉を切ると、やおら少年ジャンプを広げ、それを読み始めた。

「マタイ伝十三章三十二節には、こう書かれております。『やったな万吉、よ〜し見ていろよ。バキッ、ドスッ。チ、チキショウ、覚えていろよ』。これは神の言葉であります」

なんのことはない、そのページにある、漫画の吹き出しと擬音を読んでいるだけである。

——ちょっと頭がいっちゃっているのか?

しばらくジャンプの任意のページを読んでいたかと思うと、男は突然そばの客の水割りを手に取り、「あなた方は、こうして悪魔の水などを飲んで、魂を売っております」と言うが早いか、それを飲み始めた。そして次から次へと客の酒を美味《うま》そうに飲んでは、「悪魔の水、悪魔の水」を繰り返す。我々が「何をするんだ」と、言葉をかける間さえ持たせない。そして男は、啞然とする我々を尻目に、何もなかったように平然と店から出て行ってしまった。

「なんだ、今のは？」

　あたしは思わず眼の前に座っている赤塚さんの顔を見た。すると赤塚さんは「なっ凄いだろ」と、薄ら笑いを浮かべている。

「えっ、今のがその凄いっていう人物？」

「ああ」

　赤塚さんは水割りのグラスを手にそう答える。

　二十分も経ったであろうか、その人物が再び店に入ってきた。訊くと、あれから何軒かの店で同じようなことをやって来たと言う。

「なぎら、紹介するよ。こいつ、森田っていうんだ」

「森田？」

「俺たちは逆さにして、タモリって呼んでいるんだけど」

「何屋さん？」

「何もやってない」

それがタモリとの最初の出会いであり、まだ芸能界デビューもしておらず、赤塚さんのマンションに居候をしていた。

この店にはこうした出会いがあり、またみんな、そんな他愛もない刺激を求めていた。それぞれ仕事のジャンルは違っていても、何か共通する匂いがあった。そしてそこには連帯感のようなものがあったのである。

ゴールデン街にもよく行ったが、あのエリアの店は、一歩間違うとその空気に置いていかれることがあった。要するに、その店の共通の匂い、連帯感に押されてしまうのである。常連になり、そこの空気と同色になるには時間がかかった。数多あるこの新宿《まち》の店が、みんなそうした個性を持っていた。客が店を選んだのではない。店が客を選んだのである。


心が重くて壊れそうだった夕方、あたしは新宿御苑にあったスタジオで録音をすませ、新宿二丁目の公園のベンチに座っていた。心とは裏腹に、マイクの前で虚無に笑っていた自分を責め、虚ろな眼をして長い時間、地面を見続けていた。「大丈夫ですか?」誰かが声をかけてきた。もしかしたら、あたし自身があたしに声をかけていたのかもしれない。「大丈夫だよ」と笑って腰を上げると、あたしはネオンが灯りかけた街に向かい、ゆっくりと歩き始めた。喧騒と猥雑を飾ってみせるイルミネーション、そしてアルコールが重い心を和ませてくれた。新宿《まち》は人の心を見抜き、「どうにかなるさ」と、肩に手を置いてくれた。その思いが、またやさしさのようなものがなくなった時、あたしは新宿から遠《とお》退《の》いて行った。

ママの手によってCDが掛け替えられた。

「何かツマミ作る?」

「えっ?　ああ」

「そう言えば、マスターと店が終わった後、二人で頭突き合戦やって、お互い虚勢を張って『痛くない!』って言い合っていたわよね。おかしくてつい笑っちゃったけど……バカみたいだった。お互い、若かったわよね」

唐突に『居留地』のママがそう言う。

あたしは、いつもマスターが立っていたカウンターの中に眼をやった。今そこに、確かに笑顔のマスターの姿があった。

そして店内には、ジョージ・ジョーンズの〈バーテンダー・ブルース〉が流れていた。

CLUB WIRE

〝70年代〟新宿物語

ギターケースを手に、新宿駅東口に降り立った。ヒッピー気取りなのか、実は思想も持たない得体の知れないフーテンたちが、虚ろな眼をしてシンナーを吸っている。彼らにしてみれば勝手な自由論をかかげて、これが自由の証だと主張するのだろうか。汚れ固まったベルボトムを地面に引きずり、幾日も洗われたことがないだろうと思われる長髪の間から、よどんだ眼を中空に漂わせている。同じフーテンでも、ちょっと前まではもう少しまともだったような気がするが。

『二幸』を左手に見て信号を渡り、『コマ劇場』に向かって真っ直ぐ歩く。昼間の新宿は人通りもまばらである。コマの前の広場を左に曲がった突き当たりの『新宿名画座』の上、新宿中台ビルにライブハウス『ラセーヌ』はあった。ここで今日、ライブが行われる。

ライブが終わってため息をつく。客は十人そこそこであっただろうか。チャージとして貰った幾ばくかの金を手に、立ち食いそば屋に入り、もう『ラセーヌ』はやめようとつぶやいていた。

今から三十四年前の話である。

ロカビリー・ブーム、グループサウンズ・ブームと隆盛を誇ったジャズ喫茶、ゴーゴー喫茶……『ラセーヌ』は、『新宿ACB《アシベ》』『キーボード』『スワン』と並んで、新宿にやって来る若者たちの牙城であった。しかしブームの衰退と共に傾いていった。経営者は次にフォーク・ブームが来るであろうことを見越して、フォーク・シンガーにスペースを提供した。しかしその頃、ポツポツと見かけるようになってきていたフォークのライブハウスと、ここは店内の造りも、経営方針も趣を異にしていた。当時の新宿には、フォークのライブハウスはまだなかった。

我々は歌う場所さえあれば喜んで出かけて行ったが、ジャズ喫茶はやはり違和感があった。それに満杯とは言わないまでも、もう少しは手応えがあるお客さんの数が欲しい。それはギャラの問題とはまた別であった。

うたごえ喫茶『灯』もまた集客に窮していた。戦後間もない頃、歌声運動は労働運動から端を発し、全国に広がっていった。そのうたごえ喫茶の先駆けが新宿『灯』であった。

夜毎若者たちが集って肩を組んで合唱する、独特なスタイルを持っているのがうたごえ喫茶であったが、七〇年の声を聞くと、客足は遠退き始めていた。そこで我々フォーク・シンガーに白羽の矢が立ったのである。同じ若者発信の唄であることには、歌声運動もフォーク・ソングも変わりがない。しかし精神が違っていた。プロの作曲家作詞家を使うことを嫌い、若者自らの手で作られていったフォークは、うたごえ喫茶で歌われる唄とは異質なものであった。

『灯』のステージに立ったときも、客はほとんどいなかった。しかもその客は、うたごえ喫茶の売り物である、自分たちも参加して歌えるということを楽しみに来ている客であった。客は無名のフォーク・シンガーの唄を耳にして、明らかに戸惑っていた。そんな客を相手に歌うということは、苦痛でしかなかった。早く時間が過ぎてくれと祈りながら歌う唄は、お客さんに何も伝わらない。

「フォーク・ソングの夕べ」と題したライブを行った主催者である店主は、自らチケットを百枚近く買って、それを我々の目の前で破り捨てた。自腹を切ったそのチケット代がギャラであった。

新宿にフォークは根付かないのであろうか。

六九年二月二十七日、べ平連のデモ行進を切っかけに、土曜の夜には新宿駅の西口地下広場でフォークゲリラ集会が行われるようになっていた。五月十七日、淀橋警察は土曜のたびに膨れ上がっていくこの集会に危機感を覚え、百人からの機動隊を投入して、「ここは広場ではない」と、二千人の聴衆を排除した。

新宿から火が点いたこの運動は、飛び火して、場所を変えて膨れ上がっていくと思われたが、拍子抜けのように消えていってしまった。新宿発のフォーク・ソングは、そこでついえてしまった。

あたしはギターを抱えたまま、ポケットのバラ銭を探り直して、しょんべん横丁の安酒屋に飛び込むと、日本酒かウィスキーを食らうのが常であった。まだチューハイなどという気の利いたものは置いていない時代で、鯨カツをツマミに乱暴な飲み方をしていた。そうしなくては、心のわだかまりを発散することができなかったのである。

懐がだんだん寂しくなると、ゴールデン街に行ってみようか、それとも歌舞伎町の安居酒屋へ行こうかと思案した。ゴールデン街に行ったところで別に当てなどなかったが、顔見知りの人間に会うことができればどうにかなる。いや、知った顔がなくとも、なんとかなる。

ゴールデン街で、誰も知った顔に会えなかったある夜、店の表に椅子を出して客引きをやっているおばさんに声をかけられた。

「お兄ちゃん、飲んで行きなよ」

どうも怪しげな雰囲気である。

「お金がないんです」

「幾らあるの?」

「五百円」

実際は千円位はあったと思うが、それを使ってしまえば、電車で帰ることができない。

「五百円?　いいよ、それで飲ませてやるよ」

とても信用できるとは思えなかったが、怖いお兄さんが出てきたところで、ない袖

ＪＲ西側の線路っ端、雨の「やきとり横丁」

は振れない。

カウンターにビールが置かれ、厚化粧のおばさんがお酌をしてくれた。二本、いや三本目だったか、にわかに心細くなってきた。

「本当に五百円しかないんですよ」

「分かっているわよ。ビールもう一本飲む？」

後は野となれ山となれで、注がれるままにビールを干し、おばさんと毒にも薬にもならない話をした。勘定の段になって恐る恐る訊いてみた。

「幾らですか」

「五百円って言ったじゃない」

「ホント？」

あたしは思わず聞き返してしまった。

いずれもう一度行ってみようと思っている内に、その店はなくなってしまった。なんだか新宿を語るとき、あたしはこの話を熱く思い出す。新宿という街を斜眼《さめ》に見ることをしなければ、人も街も愛してくれる。

この街は、人々の吹き溜まりである。それも他所から来た人間が東京の中で風に巻かれるようにして、ここまでやって来たのだ。風に運ばれて来た人間が行き場を失い、肩を寄せ合ったとき、独自の文化、そして仲間意識を育んできた。

都会はブームに敏感であり、若者の文化はまさにそれである。その時期が早過ぎても、また遅すぎても時流には乗っていけない。新宿という街は特にそれが顕著で、あっという間に食いつき、あっという間に背を向ける。〝今〟が入り込めば、持て囃されるのだが、それはおためごかしのようなものである。

新宿を外から眺めると、それがよく分かる。流行に敏感であるように見えて、実はそれを一過性のものとして上手く操り、エキスを吸い取ればおさらばする。そこには新宿独特の何かがある。それを異端と感じながらも、面白がらなければこの街を見失ってしまう。

新宿、末広通り

近いがゆえに、遠い街・銀座

　銀座とは不思議な場所である。

　江戸城から見て東側の低地、堀内の範疇《はんちゅう》であるから、すなわち下町のエリアということになる。しかし日本有数のショッピング街であり、歓楽街である銀座は下町の雰囲気をまるで残していない。下町といえば、御城下町《おしろしたまち》のエリアから外れている浅草のほうがずっと下町然としているし、実際、今は浅草が下町の中心となっている。

　歓楽街とは書いたが、銀座は新宿や渋谷とはまた違った空気を持っている。ハイソサエティーなイメージは、街を歩けば多少なりとも実感できるであろう。

　また銀座は「らしさ」にこだわる街である。以前、若者を呼び込もうという算段だったのか、大手のハンバーガー屋が出店をしたが、飲食物を手に歩き回る行儀の悪さを銀座は淘汰した。関西資本のお笑い劇場も出来たが、歩道に臆面もなく座るだらしない若者を街は拒んだ。やはりそれは、「らしさ」を壊したからである。

あたしは街角に立ったとき、言葉に出来ぬえもいわれぬ「らしさ」を感じるのである。ハイソということとは別にしても、やはり「らしさ」があるこの街が好きなのであるのだが、他の街にそれは感じられない。当然他の繁華街にもそれなりの「らしさ」はあるのだが、なんとなくその雰囲気には、田舎っぽさが付きまとっていた。「付きまとっていた」というのは、今に始まったことではなく、子供の頃からそうした感覚があったということである。

言葉に出来ない「らしさ」と前述したが、たとえば酔客ひとつ取ってみても、浅草、新宿、渋谷の酔客とは違って見えた。子供の頃酔客を見ると、嫌悪感と怖さを覚えた。もっとも好感を持つ子供はあまりいないと思うが……。だがそこに――これは不思議な感覚なのだが――嫌悪感はあっても、他の盛り場の酔客を見るときのように、怖さは感じなかったのである。それよりも、後年酒を嗜むようになった時、かつての銀座の酔っ払いのような酔い方に憧れさえ覚えるようになっていた。

しかしこれは、銀座を美化するような感覚がそう思わせているだけなのかもしれない。子供の頃、四丁目の交差点に立って見たイルミネーションを思い浮かべると、そ

数寄屋橋公園にある岡本太郎の「若い時計台」

れは実際のイルミネーションより数段美しく心に残っている。その憧憬は、やはり自分がこの街で生まれたから、ということが大きいと思う。

東銀座で生まれ、小学校三年のときに葛飾に転居した。つまり、銀座に対する自分の思いは、そこで寸断されてしまったのだ。銀座という街は、心によき思い出としか残っていない。その思いが時間と共に増幅され、銀座を実際より素敵な街としてインプットしてしまったのだろう。しかるに自分が感じる「らしさ」と、人が考える「らしさ」は若干違っていると思う。

しかしそれを差し引いたとしても、銀座は他の街にはない「らしさ」を持っているのである。

はて、銀座で最初に飲んだのは一体いつのことだろう。先程来から思い出そうと努めているのだが、一向に思い出せない。その記憶が茫洋としているのだから、どこの店で一体誰と、などということは論外である。

ただひとつ、明確に思い出すことがある。二十歳のとき、銀座のコンパで飲んでいたという事実である。今、コンパという名称は別な使い方をされているが、当時コンパという形式の酒場が流行っていた。

簡単に言えば、若者相手のショットバーのようなものである。ただショットバーというとこぢんまりした店を想像されがちだが、コンパはデパートの大食堂ぐらいの広さはあったように思う。優に二十人ぐらい座れるであろう円形のカウンター席が幾つもあって、そのカウンターについている専属のバーテンダーが忙しく客の注文に応え、シェイカーを振っていた。

泰明小学校前、六丁目のビルの地下に、そうしたコンパがあった。

あたしは音楽仲間のSと、そのカウンターでしこたま飲んでいた。気がつくとウィスキーのボトル二本が空き、三本目も半分ぐらいに差しかかっていた。今のように水割りなどという飲み方は一般的ではなく、ウィスキーと言えばロックかストレートと相場が決まっていた。ふたりとも相当酔っていたのだが、若さだったのだろう、その後どうなってしまうのか、などということはまるで意に介していなかった。

「ボトル三本飲んだぞ、高いかな?」

酔った口調でSが言った。

「知らねぇよ、金、ちゃんとあるんだろな」

「金？　俺は持ってないよ」

「はっ？　俺も持ってないよ」

思わず二人とも顔と顔を見合わせた。お互い金もないのに、相手の懐を当てにして飲んでいたというのも乱暴な話であるが、それにしてもいくら若者相手の飲み屋だからといって、ボトル三本は安くはないだろう。

「ねぇもんは仕様がないだろう」

開き直ったようにSは言うが、仕様がないでは済まされない。どうする……ああでもないこうでもないと、酔った頭でふたりが出した結論は「逃げよう」だった。どうやって逃げよう。ふたりは必死だった。ひとりが先にトイレに立って——どちらかが酔った振りをして——堂々と胸を張って……。

「捕まったらことだぞ」

「だってよ〜、ない袖は振れねぇよ」

「そうだよな、じゃ俺がトイレに立つから……」

本当に飲み逃げを実行しかねなかった——そのときあたしは、はたとあることを思い出した。近所にレコード会社の銀座支社がある。もしかしたら、そこでお金を借りることができるかもしれない。その頃、あたしはビクターからファーストアルバムを出したばかりであった。

「そうだ、ちょっと当てがあるから、少しの間待っていてくれよ」

「おい、俺だけ置いて逃げようってんじゃないだろうな、置いて行くなよ」

Sが小さく、悲痛な声で言った。

「置いて行きやしないよ」

そうは言うものの、確信がないままあたしはレコード会社へ向かった。

実は、自分でもこんな運がいいことがあるのだろうかと、レコード会社の人の言葉を疑ったのだが、幾ばくかの印税が経理にプールされていると言うのだ。それをありがたく頂戴してきて、飲み代を払って事なきを得たのだが、もし本当に飲み逃げを実行していれば、警察のお世話になっていたかもしれない——ところがその夜、実際あたしは警察のお世話になってしまうのである。

コンパを出た我々は酔眼朦朧として、阪急デパートの裏辺りを歩いていた。女っ気が全くない二人は、道往く女連れを見てはやたら吼《ほ》えまくっていた。すれ違うカップルに意味もなく乱暴な言葉を吐き、女同士のグループを見つけては、軽薄な言葉を浴びせていた。

三、四人の男連中が我々に何やら罵声を浴びせてきた。喧嘩早いSの顔色が急に変わり、あたしが声をかける間もなく猛烈なダッシュで、その男達に向かって行った——もっとも猛烈なダッシュと映ったのは、酔ったあたしの眼にだけだったのかもしれない。

彼は拳法を習っていた。一人の男目がけて会心の正拳を見舞った。スカッ、呆気なくそのパンチは避けられてしまい、Sはその勢いでもんどり打って倒れてしまった。そこを男達の蹴りが容赦なく捉えている。こりゃいけない、あたしの出番である。あたしは上着を脱ぎ、カバンを地面に放り出すと、これまた猛烈な勢いでそこに向かって行った。あたしもその頃、空手を習っていた。一人の男の顔面に狙いをすませて、思いっきり腰の入った正拳を叩き込んだ。ビンゴ！

気が付くと、鼻からは鮮血が噴出し、道端に大の字に倒れていた。その男が……いやいや、あたしが倒れていた。

　男たちは、大声を出して自分たちに向かって来るあたしに気を取られていた。その間に、Sが復活を遂げたのである。彼はふらつく足で立ち上がり、一人の男の後頭部へ思いっ切り回し蹴りを見舞った。男は気付き、それを避けた――そこにあたしが飛び込んできた。一撃必殺の回し蹴りは、見事にあたしの顔面を捉えた。ビンゴ！

　辺りを見回すとSも男たちもいない。いるのは、心配そうにあたしを見下ろしているギャラリーだけである。しかも両方向からはパトカーがやって来ている。

　あたしは数寄屋橋の交番に連行され、事情聴取を受けるのだが、どう見ても被害者は鼻血を出しているあたしの方である。それに、見ていた人も誰ひとりいない。しどろもどろで説明をして、結局無罪放免。そのとき警察官の言った言葉を覚えている。

「若いから元気のいいのは分かるけど、そんなに酔っ払ったら取り返しのつかないことになるぞ」

　あたしは数寄屋橋の交番に、深々とお辞儀をしていた。

　Sはというと、あたしが大の字に寝ているのを見て取り、男たちにやられたと思い込み、しばらく逃げる男たちの後をつけて行ったのだが、やがて見失い、道に迷ったからそのまま家に帰ったというのである……なんて奴だ。

いささか戯れ話が長くなってしまったが、これが鮮烈に覚えている、二十歳のとき銀座で飲んだ夜の記憶である。

後はポツリポツリと思い出すことはできるのだが、記憶は持続をしないまま途絶える。記憶に鬆《す》が空いてしまっているということは、若い頃は銀座の飲み屋には、そんなに足繁く通うことがなかったということなのだろうか。それを裏付けるように、新宿や下町界隈で飲んだ記憶は数多く残っている。

銀座であまり飲まなかった理由は定かではないが、銀座の持っている高級志向がそうさせたのだろうか。要するに高価《たか》いというイメージが、懐の寒さと比例したということであろうか。いや、それはどうだろう。まず身銭を切ってそんな高級な店になど行かないし、銀座だからといって皆が皆——そうした店と限ったわけでもないが——やはり高級なイメージが先行していたに違いない。

そう言えばやはり若い頃、あれは幾つの頃だったか、初めての書き下ろしの新書本を上梓した時期だから、二十二歳の頃であろうか。その出版社の人間に、銀座のクラブへ連れて行ってもらったことがあった。

クラブ内でのことは覚えていないが、帰り道その店のホステスさんと一緒になった。同じ総武線に乗り、さしたる会話もないまま小岩で二人とも電車を降りた。

きらびやかな銀座のクラブホステスという職業と、小岩という庶民の町のギャップがなぜかあたしを戸惑わせた。そしてそのことは、なんとなく銀座が持っている高級感との距離を縮めてくれたような気もしたのである。

しかし現実として、やはりその値段、敷居の高さでそうした店のドアに手をかけることはなかった。もっともそれは、座っただけで何万円も取られるのなら、その分ツマミを一品でも多く取りたいという、貧乏性がなせる詭弁なのかもしれないが……。

銀座にあまり足を向けなかった理由として、もうひとつ考えられることがある。それはあたしがこの街の生まれだからということである。

あたしの生まれた東銀座は繁華な銀座の築地寄りである。幼い頃から、銀座という歓楽街を見て育ってきた。その街の飲み屋は憧れであったとは前述のとおりであるが。

「子供がそんなことを思うか？」と言われそうだが、まあ変わった子供であったのだろう、ネオン街に対して確かに憧れに似たものがあった。酒を嗜むことへの憧れではない、未知なる大人の世界への羨望のようなものがあった。

これも先に書いたとおり、それが寸断される。小学校三年生のとき、葛飾に転居をしたのである。それからというもの、銀座という街が遥か遠い存在になってしまった。小学生にとって、葛飾から銀座までの距離は今よりずっと遠かった。故郷に対する憧憬の念のように、銀座は常に自分の脳裏に存在し、幼い眼に焼き付けられた繁華街は一層心の中で増幅をしていった。

高校辺りから銀座は一挙に近くなった。しかし現実に自分がその足で立っている銀座と、脳裏に存在していた銀座とはギャップがあった。憧憬は、その街を存在以上の街として描かせていたのだろう。自分の中でまるで違う街を見ているように、どこかに今の銀座を否定する部分があった。要するに子供の頃思い描いた盛り場としての銀座は、そこに身を置いたときあまりにも現実味をおび、映画で見るような銀座でもなく、唄に歌われるような銀座でもなかったのである。自分の脳裏にある銀座はもしかしたら、空想の産物であったのかもしれないとさえ思わせたのである。

今は銀座で飲む機会が多い。

趣味であるところのカメラ屋を覗き、ビヤホールの客になっていることが一番多いであろうか。友人と居酒屋にいることもある。たまには散財と、高級なＢＡＲの止まり木に納まっていることもある。だがいまだ、お姐さんが接待してくれるようなクラブには自ら赴くことはない。

どこにいても、やはり眼をつぶるとそこにあるのは、子供の頃憧れていた銀座なのである――今こうしてこの文章を書いていてもだ。しかしいまだその銀座に出くわしたことはない。またそうしている内にも銀座は、往時の銀座とどんどん顔付きを変えてしまっている。

チェーン店を展開している俗な店や、エロを売り物にしている風俗店、立地条件がよくて客足をつかめるのは分かるが、銀座という土地を考えればそうした店舗を出さないのが粋というものであろう。食べ物を片手に堂々と闊歩するために苦情が相次いだハンバーガーショップ。道端に座り込む礼儀知らずの客を持つ関西資本のお笑い劇場。双方とも、淘汰されて然りであろう。

憧憬である銀座は、おそらく生涯眼の前に現れてくれないのかも知れない。

そういえば最近、不思議な経験をした。


一杯飲《や》って、もう一軒寄って行こうかと阪急デパートの裏手を歩いていると、三人の若者が、大声を出してこちらにやって来る。あたしは関わりたくないと、横にある公園の方へ逃げるようにして曲がった。

突然、「若いから元気のいいのは分かるけど、そんなに酔っ払ったら取り返しのつかないことになるぞ……」と声がした。

勿論、あたしがその若者たちに言ったのではない。振り向き、辺りをキョロキョロするのだが、そこには誰もいない。だが、確かに声が聞こえたのである。

――あそこにしゃがんでいるホームレスのおじさんが言ったのか？　いや、どうも違うようだ。

――それとも、誰かがあたしに言ったのか？

親父か……親父なのかい？　そう言えばずっと昔、お父さんとここをこうして歩いていたっけな。

――親父が、身体を気づかわず、毎晩飲んでいるあたしを窘《たしな》めたというのか……分かっているよお父さん、あたしももう若くないもんな。

三原橋、食事処三原にて

銀座居酒屋道

銀座四丁目から晴海通りを築地に向かい、やがて昭和通りとぶつかる場所を三原橋という。この辺りまで来ると銀座は落ち着きを見せ、喧騒たる街とは違った顔を見せる。

様子のよかった三原小路が変わってしまったのは残念だが、三原橋の地下映画街、パチンコ屋の『モンタナ』、カレー屋の『ナイルレストラン』、足袋の『むさしや』、みんな当時と同じ場所にある。昭和通りを渡ると、威風堂々たる歌舞伎座が見える。

子供の頃親に連れられて、よくこの地下街の映画館に入ったのを思い出しながら、三原橋辺りをブラブラする。そう言えば、初めてパチンコをやったのが、角のモンタナだった。

中古カメラ屋の『三共カメラ』を覗き、地下街へ下りる。新橋寄りの出口近くに、

『食事処三原』という大衆食堂がある。中程にも同じ名前の食堂があるが、カレーコーナーと書かれている店の方である。

銀座というイメージとは程遠く、昭和三十年代を彷彿とさせてくれる、大衆食堂の王道のような店である。

小さな店のカウンターに座り、マグロの刺身なんぞをツマミにビールを飲る。

——なぜ陽の高い内のビールってのはこんなにも美味いんだろうか？　お天道様に申し訳ないってな気持ちが余計に美味く感じさせるんでしょうな。もっとも、日が落ちてからのビールも美味いですがね。

ハムエッグを追加して、ビールをもう一本。

店を出て空を仰ぐと、まだ完全に陽が傾いていない。沈むにゃ間がある。ひとつ、銀ブラとシャレ込みましょうか。とは言っても、大体覗くのは中古カメラ屋。酔った勢いで気が大きくなって、カメラを買っちゃダメだぞと、自分に言い聞かす。

街に明かりが灯る頃、なぜかあたしはカメラ屋の袋を抱え、いそいそと『ブラッスリー銀座ライオン（松坂屋別館）』に向かう。生ビールのハーフ&ハーフを注文して、今買ったカメラをニヤニヤしながら触る。

――あんなに買っちゃいけないと自分に言い聞かせたのに……な〜に、構うもんか、これが至福の時ってもんだ。

ここで電話をして誰かを呼ぶ。誰も誘いに乗って来なければ、八丁目のＢＡＲ、『Ｋ』に流れる。

律儀なバーテンダーが作るカクテルは、銀座値段ではあるが、その空気の中に身を置いているだけで和める。人間にはこの和む、という時間が必要なのである。あたしは女性が接待してくれる飲み屋には行かない。たとえ妙齢のご婦人が、うたかたの恋と錯覚させてくれるような笑顔を見せてくれたとしても、それは和みとは違う。

いい按配で酒が回った頃、あたしはネオン街を縫って有楽町まで歩く。気分が乗ればば、シメにガード下の店でもう一杯。

――やめよう、今日はいい加減、飲み過ぎた。お楽しみはまた次回ということで……。

しかし、そんなにお利巧さんのあたしではない。電車で地元まで帰り、行き付けの飲み屋のノレンをくぐる。

――あれ〜っ、買ったカメラがない！

金春通りのネオン

「バー」は何処へ　洲崎のお姐さん

東京で、バーというものを見かけなくなって久しい。ここであたしが言っているのは、若者の集うカフェバーやプールバー、律儀なバーテンダーのいる、高級な酒を提供するワンショットバーのことではない。路地裏に、怪しげな看板やネオンを灯したバーのことである。一見《いちげん》のお客なら必ず頭に、「この店大丈夫かい、ボラれるんじゃないのか?」といぶかるようなバーである。

重いドアを恐る恐る開け、中の様子をうかがうと、店内のオネエさんたちの視線がいっせいに突き刺さる。ドアを閉めて踵を返す間もなく、「いらっしゃいませ～」の声が重なり合う。瞬時にオネエさんたちは入り口までワープすると、客の両脇に己の太い腕を回し、ボックスに招き入れる。キツイ香水の匂いに麻薬でも入っているのか、身体の自由は完全に奪われてしまっている。それと同時に、おしぼりが広げられ、間髪を入れず「何にしますか？」と声をかけてくる。自分の酒の勘定より、オネエさんたちの、「一杯ご馳走になっていい？」と並べられる色水の方が気にかかる。そんなバーはどこへいってしまったのか。きっと、スナックという名前にとって代わられてしまったんだろうか。

確かにスナックには、往時のバーのにおいがするが、やはり何かが違うのだ。あたしにとっての最大の酒のツマミは、会話だと思っている。取りとめもない話をしながら酒をあおる。時間なんて関係ないさ。時間など気にして飲んでいるとしたら、酒に対して失礼だもん。それがどうだ、言葉に窮すると、「カラオケはどうですか？」とくる。スナックのオネエさんたちに、会話で客を繋ぐ技量はないのだろうか？

バーにはそれがあった。昼間、道端ですれ違えば、魑魅魍魎のような顔をしたオネエさんでも、客を相手にするときは〝女〟であった。嘘でも、そこにかりそめの恋が存在した。

あたしが子供の頃には、どこの盛り場にも怪しげなバーが何軒かはあった。またそうして語られるバーが、盛り場の代名詞のようでもあった。

銀座の定番風景

小学校の頃だったか、中学の頃だったか、銭湯に行く途中の飲み屋通りにそうしたバーがあった。酔客が店の外に出るのと同時に、オネエさんが店の外まで送りに出て、その勤め人とおぼしき人物の首に腕を回してキッスをしていた。オネエさんは背が低く太っていて、おまけに見事と言っていいほど不細工だったが、取り柄はその若さであった。その光景がまるで別世界のように思えるのと同時に、物凄く汚れたものを見てしまったような気にもさせられたのである。そしてその記憶は、長い間あたしの頭の中にあった。

そこにあったのは、かりそめの恋であろう。客は空々しいかりそめの恋を求めてそこに足を運ぶ。それがたとえ似非《えせ》らごとと知っていても、である――しかし多分に、もしかしたら、という助兵衛心もどこかにあるに違いない。要するにオネエさんたちは、かりそめの恋を金にすり替えるために、甘い声でおべっかを使い、色気を放出する。客は分かっていながら、自分だけは人と違うと心の中で思っているから性質《たち》が悪い……いやいや言うまい、この商売はそれで成り立っているのだ。

昔〈洲崎パラダイス〉という遊廓があった。小説や映画などでも何回となく舞台になっているので、知っている方も多いだろう。

昭和三十三年四月一日、売春防止法が施行されてから、町の灯は消えてしまった。廃業を余儀なくされ、行き場を失ったお姐さんたちは堅気になったり、他の土地に消えて行ったり、中には地元で飲み屋を開く人間も何人かはいた。家事に長けていないお姐さんたちは、料理を作ることがままならないため、酒と乾き物を中心としたバーを営むことが多かったという。

しかしお姐さんたちは男の扱いを心得ていた。どうすれば男どもが楽しむことができるかを知っている。饒舌を売り物に、寄るべないお客に安息の場所を提供し、また身の置き場を提供した。

江東区の洲崎にはそうした店が何件かあった。あれはあたしがまだ二十代前半の頃である。住まいが近所ということもあり、あたしは好んでそうした店に足を運んでいた。足繁く通わせた理由としては、安いということが前提にあったからで、そうした理由《わけ》ありのお姐さんがやっている店だということは、ついぞ知らなかった。しかし笑顔の素敵な、また聞き上手なオバさんは……おっと失礼、お姐さんは、楚々として魅力的であった。

回数を重ねて通ううちに、気心が知れてきて、かなり突っ込んだ話もできるようになってきていた。

ある夜、あたしは友達とふたりして、取りとめもない会話で盛り上がっていた。何の拍子でそんな話になったのかは失念してしまったが、話はひょんなことで、〈洲崎パラダイス〉のことに及んでいた。友達は、深い意味で言ったわけではなかったんだろう、「赤線のあった頃にこの町に来てみたかったよなぁ」というようなことを言った。しばらくそんな話で盛り上がっていたように記憶する。突然お姐さんが、話をさえぎるように唄を歌い始めた。

〽わたしゃ廓に咲く花よ　泣いて別れた双親に
月が鏡であったなら　映してみせたいその心
所も知らぬ名も知らぬ　いやなお客も嫌わずに
夜毎に交わす仇枕　好んでしたい親のため

（廓に咲く花）

あたしと友人はキョトンとして、お姐さんの顔を見つめていた。

あたしは、友達の口から「オバさん、それ何の唄」と出そうになるのを見て取った。そいつをヒジで突っついて、「やめろ」と目配せをした。友達は分かったのか分からないのか、言葉を発することはなかった。

お姐さんは何もなかったかのように、笑顔で我々にお酌をしてくれた。あたしはそのときなんとなく、お姐さんの〝昔〟を知ったような気持になったのである。

今はそんな店もなくなってしまったんだろうな。


往年のバーに身銭を切って行った記憶はない。しかし、何度か人に連れられて行ったことはある。

あれは、確か二十歳になって間もない頃だったと記憶する。名古屋のテレビ局に出演をした日、レコード会社の人間に初めてバーなるところへ引っぱっていかれた。あたしは自分の母親と変わらないような歳格好のオネエさんを前に、陽気に酒を飲めるみんなを不思議に思って見ていた。

酒席が終わりに近付く頃、ひとりのオネエさんが突然あたしに、「今日テレビで歌っていた唄、あれがみんなの思っている本音だと思うわよ」というようなことを言った。

その日の番組は、グァム島から帰ってきたばかりの元軍曹、横井庄一さんに対しての唄の紹介であった。あたしの他にふたりの歌い手の方がいたように思う。その歌い手は、歯の浮くような賛辞でもって、横井さんを奉って歌った。

一方のあたしは、そんなお祭り騒ぎを疑問に思っていたもので、かなり批判めいた唄を歌った。テレビ局としては、きっと驚いたに違いない。歌詞を替えて歌ってもらえないだろうか、と言ってきた。あたしの中には釈然としないものがあったが、多少歌詞を柔らかくして歌った覚えがある。

そのオンエアを見たのである。少なからずオネエさんには、こちらの意図が通じたようであった。嬉しかった。そして驚いたことに、オネエさんは「頑張ってね」と、あたしにちり紙（ティッシュに非ず）で包んだお札を渡してくれたのである。あたしはそれをもらっていいものか思案顔でいると、同席の人間が「ありがたく頂戴しておきなよ」と声をかけてきた。あたしはお礼を言ってそれをポケットにしまった。

帰り際その中身を見ると、飲み代より高い一万円札が一枚入っていた。ありがたかった。オネエさんは、あのときのあたしが、よもやなぎら健壱だとは知らないだろう。

バーは単に酒をたしなむだけの場所ではない。人と人が織り成す人間模様があり——人情の機微があった。たとえそれが商売と言われようとも、そこにはそれ以上のもの、何かが存在したのである。要するに、酒場は酒を飲むところであるが、人は酒だけを求めて行くのではない。酒を介して人と触れ合いたいのである。単に酒を飲む場所だけであるのなら、酒場は存在しないであろう。

浅草にて

深川——はじめてのホッピーと、死んだT

「Tが亡くなったぞ」

Iからの電話であった。

あたしは「えっ！」と言ったきり、言葉を失ってしまった。伏見さんが亡くなった……。本名をTと言う彼を、あたしは彼の出身地である京都の伏見という土地名で呼んでいた。

数時間後、Iから教えられた病院に仲間が集っていたが、誰もがほとんど口を利かなかった。若い、あまりにも若い、二十四という年齢の死であった。

病院からの帰り道、蕎麦屋に入ると、Iが「口惜しかっただろうな」と口火を切った。皆がその言葉にうなずき、眼の前のビールグラスを手に献杯を行った。我々は皆若く、建築現場でアルバイトをしている仲間であった。あたしも半年前まで彼らと一緒に汗を流していた。あたしと入れ違いに建設会社に入ったのが伏見さんであり、そんな理由からあたしは数えるほどしか会話を交わしたことがなかった。

「Tは現場で働いた後、スナックでバイトやっていたんだってよ。で、それだけじゃなく、スナックが終わったら、今度は青果市場でもバイトやっていたらしいんだよ」

「なんでまた？」あたしが訊いた。

「ヤツは彫刻家を目指していたろ。で、金がないのに個展開いたんだよ。個展たって、ヤツのわけの分からない前衛的な作品じゃ売れっこないよ。で、借金作って、それを返すのに必死だったんだろな」映画のカメラマンを目指していたIがそう言った。

「毎日酒飲んで、寝ないで仕事やったら、そりゃぁ～命縮めるよな」一番若いYが言った。

「それでも、なんとしても個展をやりたかったんだよ」歌舞伎の演出をやっていたSがそう言うと、みんなは黙ってしまった。


葛飾区から江東区へ転居したのは、フォーク・シンガーの道を歩もうと決めた二十歳の頃であった。江東区には先に親が転居をしていたのだが、自分は葛飾に残って町工場で住み込みのアルバイトをしていた。しかし「プロになって唄で食っていくんだ」と決めたからには、工場の寮に住んでいるわけにもいかなくなった。そこで寮を出て、自分も江東区に移り住んだというわけである。

江東区の門前仲町辺りは江戸城の南東に位置することから辰巳と称され、下町の範《はん》疇《ちゅう》に入る。しかし下町といっても、江東区は深川区と城東区が昭和二十二年の区部の合併で一緒になった区である。深川地区は下町エリアであるが、城東地区は下町から外れていた。

移り住んだ頃の城東地区は今のように林立するマンション群もなく、中小企業や工場が目立つ、いかにも東京の外れというおもむきであった。

あたしが最初に住んだのが、その昔赤線で名を馳せた洲崎という町であった。まだ往時の名残をとどめる建物も多く残っており、飲食店などでも、昔鳴らしたであろうと思われるお姐さんたちが働いている姿を眼にすることができた。飲み屋で、お姐さんの歌う〈廓《くるわ》に咲く花〉という唄が心に沁みたのを思い出す。

あたしはすでにＬＰレコードを出してはいたが、それが仕事に結びつくことはなく、暇な時間を持て余してパチンコ屋に入り浸っているか、昼間から酒をあおっていた。

焼酎の一升瓶を抱え、それを割るためのサイダーを手に歩いていると、近所の人たちの「一体あの人は何の仕事をしているんだ?」と言いたげな眼が突き刺さった。たまに仕事があると、一升瓶の代わりにギターを抱えているので、近所の人たちの眼に、あたしの姿はさらに奇妙に映ったに違いない。

七三年にセカンドアルバムが発売され、そのアルバムに収録された〈悲惨な戦い〉なる一曲がヒットをした。マネージャーから「今までの四万円の給料が、来月から十万になるぞ」と言われた次の月、事務所は倒産した。

ニッチもサッチもいかなくなった。家賃や生活の金はどうする? 何か日銭を稼げるバイトはないか。日銭でなければならないというのには理由があった。事務所が倒産しても、ポロポロ幾らかの仕事は入ってきている。そのため、休みを自由に取れる仕事でなければならなかった。そんなとき、飲み屋で知り合ったIという人物に誘われたのが、建設現場の工事人夫であった。今まで肉体労働の経験などなかったし、過酷なことも分かってはいたのだが、背に腹は代えられない。あたしは工事人夫という、日銭が入るバイトを選んだ。そして、地下足袋というものを初めて履いてみたのである。

江東区の扇橋に建設会社があり、自転車で日参した。最初は何をやっていいのかも全く分からず、ただ人のやる作業を見よう見真似でこなすしかなかった。まるで経験がない現場に戸惑うのは当たり前である。しかし仲間には、映画のキャメラマン、歌舞伎の演出家、彫刻家などを目指す若者たちがいた。みんな二十代前半の若者で、それぞれの夢を持っていた。そうした中で、すでにその夢の中に片足を突っ込んでいたあたしは、別に疎《うと》まれることもなく、彼らと親しくなるのに、さほど時間はかからなかった。それは、みんな「俺はいつしかここから抜け出して、夢を現実のものにするんだ」という同様の野望があったからに他ならない。

仕事が終われば一杯飲み屋で、ホッピーか酎ハイをしこたまあおった。

五時を回ると、カウンターだけのその飲み屋の一角に、仲間の顔が並んでいた。ビールを飲むことはまずなかった。新入りだった頃、あたしがビールを頼むと、仲間のひとりが「おいビールかよ、金あるなぁ」と嫌味を含むように、やけに驚いた様子でそう言った。

「はぁ?」あたしはその男が何を言っているのか判断し兼ねた。

「ビールは高いし、第一、酔ゃしねぇよ」男はそう言うと、ホッピーのジョッキを目の前に掲げた。

「ホッピー？」あたしはそれまでホッピーという飲み物を知らなかった。

「何それ？」と訊くと、反対側に座っていたSが、「アルコール分のない、ビールのような飲み物で、焼酎を割って飲むんだよ。口当たりはいいけど、調子に乗って飲むとやられるぞ」と、ニヤリとしながら言った。

　あたしはその日、生まれて初めてホッピーなる物を口にした。一杯百円ぐらいだっただろうか？

　ビールとはまた違った、独特の味がしたが、ビールと同じようにス～ッと胃に収まった。また、初めてのホッピーは渇いたノドに美味かった。そして調子に乗って三、四杯と飲《や》り、Sの言うとおりに完全にやられてしまった。今のようにグラスに氷を入れることはなく、ホッピーはかなり利いた。

　次の日、仲間の「どうした、二日酔いかよ」の言葉に、苦笑いをしながらうなずくことすら辛くて仕方がなかった。

　それ以来、飲み物はホッピー一辺倒になってしまった。今のように酎ハイが市民権を得る、二十年も前の話である。酎ハイも口当たりが良かったが、量からいってホッピーと比べると割高であった。

本当にみんな良く飲んだ。寒いと言っては朝から日本酒を飲み、「ノドが渇いているのに、コーラなんぞ飲んだらバチが当たる」と三時休みにビールを飲り、仕事が終われば夜半までホッピーを飲み、酒が抜けている時間があったんだろうかと思えるほどであった。

我々は仕事中はもとより、仕事が終わってもいつも一緒であった。乱暴ではあったが、それが青春の酒であった。

ある日「今度ダム工事があるんだけど、行ってみたいヤツは名乗り出てくれ。デヅラ（日当）は今の倍出す」と親方から言われた。ほとんどの仲間がダム工事に参加すると手を上げた。

「なぎら、お前はどうするんだよ？」

「俺は行けないよ」

確かに食指は動いた。日当もいいし、それにも増して仲間と一緒にいられることが楽しく思われたのである。しかしダム工事に出てしまうと、半年は帰って来ることが

御徒町にて

できない。建設現場でのアルバイトのかたわら、月に何本か唄の仕事も入っていた。

「近々、江東公会堂でコンサートもあるし」

「そうか、残念だな」

あたしと入れ替えに伏見さんが、ダム工事に行くことになった。彼らはみんなダム工事に行ってしまった。

江東公会堂でやったコンサートでの客の入りは散々であった。ポツリポツリとしか客の姿はなく、閑散とした会場に虚しく唄が響いた。

「なぎらさん、花輪が届いていますよ」と会館側の人間に言われたのだが、客入りの悪い会場のことが気にかかり、それどころではなかった。

コンサートが終わり、肩を落として会館をさるとき、その花輪が眼に入った。それは生花のスタンド花ではなく、パチンコ屋の開店で見るような造花の、まさに花輪であった。紅で縁取られた幕には「祝・なぎらけんいち賛江　○○組建設一同　与利《より》」と書かれていた。たった一本だけの、あまりにその場所に不釣合いなその花輪は、異彩を放ってはいたが、堂々としていた。ありがたかった……そしてなぜか申し訳なかった。涙が流れ、その花輪をしばらく見上げていた。

「頑張らなくっちゃ」

それが発奮材料になったわけでもあるまいが、あたしはそれ以来、工事人夫に戻ることはなかった。

「酒、貰おうか」Ｉはそう言うと、蕎麦屋の店員に「冷でまとめてお酒四、五本頂戴」と声をかけた。

「俺達も、そろそろ飲み方を考えなくっちゃな。Ｔみたいになっちゃうよ」

「ああ、そうだな」

「まあとにかく今日は、Ｔを送ってやるためにも飲もうじゃないか」

「言った側から飲んでいるじゃないかよ」

「だから、今日をもって酒をやめる誓いの酒だよ」

「そうだよ、もう一度乾杯……いや、献杯しよう」

「ああ」店内に献杯の声が響いた。

「俺達、分別のある大人になれるのかな」コップに目を落として、Ｙがポツリと言った。

「えっ?」皆がYの方を向いた。

「Tのヤツが、あの世からなれるって言っているよ」

Iが一気に酒をあおった。


あれから三十余年、それ以来、誰とも会っていない。いや、Iとは人間ドックでバッタリ顔を会わせ、懐かしいと昼間から酒盛りをした。それも、もう十年以上前になる。

どうしているんだろう。みんなとうに五十歳を回ってしまったはずだ。何人が分別のある大人になっていることだろうか……。


江東区には転々としながら、それから三十年以上住んだ。町はすっかり変わってしまった。

扇橋に我々が造ったビルが今でも建っている。その前を通るたび、「このビルは俺たちが造ったんだ」という気持ちに駆られる。そして、地下足袋を履いていたあの頃を思い出すのである。夢に向かっていたあの頃を……。

門前仲町、辰巳新道

あたしと吉祥寺――どこか波長の違う街

幼年期から何回か引っ越しを繰り返したのだが、それは下町と呼ばれるエリア内での転居で、下町以外の場所は自分の中で極めて縁遠い場所であった。多くの人が高校、大学に通う頃になると、電車通学などで自分の土地から出る機会があると思うのだが、あたしの場合は学校もまた下町のエリア内にあった。

新宿や渋谷でさえも、自分の中においてかつては遠い存在であり、高校のとき友達と連れ立って遊びに行く新宿や渋谷は、異端の地の感があった。

東横線も小田急線も、また井の頭線もどの方向へ向かっているのか知らず、なんとなく西に走っているというぐらいの認識でしかなかった。

これは何も、地方から出てきた人間と同じように、繁華街が目新しかったからというわけではない。銀座や浅草には頻繁に通っていた。新宿や渋谷はまたそれとは違う

――簡単に口では言い表せないが――違った都会であったのである。

さらに中央線沿線となると、まるで別世界の趣があった。最近は、中央線に隣接する区を、山の手などと粗忽《そこつ》なことを言う人間がいるが、中央線沿線は山の手ではない。新宿という宿場を越えた、いわば在郷である。昭和三十年代の新宿にほど近い甲州街道沿いの写真を見ても、藁葺《わらぶ》き屋根の農家が数多く点在し、これが本当に東京の風景なのかと驚かされる。

ところが昭和四年のヒット曲〈東京行進曲〉の「変わる新宿あの武蔵野の　月もデパートの屋根に出る」の歌詞ではないが、農地は住宅地に変貌を遂げ、中央線沿線の街は目覚しい発展を遂げた。こと、東京オリンピックを前後しての中央線の変わりようは、信じられないほどである。

そしてその沿線にあった吉祥寺もまたしかりである。

あたしが吉祥寺に足繁く通うようになったのは、『ぐぁらん堂』というライブハウスの存在があったからに他ならない。フォーク・ソングにドップリ浸かっていた十代の終わり頃、あたしはライブハウスのはしり、『ぐぁらん堂』を雑誌で知ることになる。そこには心酔していた高田渡をはじめ、数多くのフォーク・シンガーが集まっているという。当時のあたしは、フォークと聞けばどこへでも出かけて行った。とにかくフォーク・ソングという空気の中に身を置いていれば心地よかったし、フォークの情報を少しでも多く耳にしたかったのである。

そんな『ぐぁらん堂』を知って、とにかく一度足を運びたくて仕方なかった。しかし当時住んでいた葛飾区からは、未知の土地である吉祥寺はやたら遠く感じられた。それでも意を決して吉祥寺に出かけて行ったのが、七一年の秋のことである。

初めて『ぐぁらん堂』に行ったときの記憶はあやふやである。電車を利用したのならば、金町から常磐線で日暮里まで出て、日暮里から山手線で新宿、新宿から再び乗り継いで中央線で吉祥寺までのルートを取ったと思われる。あるいは、友達のK君の車で行ったのか……。とにかく、どんな交通手段を使っても、時間がかかったことには間違いがない。所在地は電話でもして訊いたのであろう、とにかくどうにか店の前まで辿り着くことができた。やたら急な階段を三階まで上がり、逸る心を抑えてドアの前で『武蔵野火薬庫　ぐぁらん堂』の看板を見上げた。

ドアを開けると、まず異様な空気が圧倒した。さほど広くはない店内には数人のお客さんが腰をかけ、コーヒーや酒のグラスを眼の前に置いていた。店内にはブルースだかが流れていたが、客席は見事に静かであった。お客同士が会話を交わすでもなく、雑誌を手にしたり、考えごとをしているのか、腕組みをして眼をつぶっていたりと様々であったが、空気は淀んでいた。当時多くのフォーク・キッズがそうであったように、客もまた髪を伸ばし、薄ら汚れた格好をしていた。あたしは空いている席に座り、ビールを注文した。

――これが、フォークのメッカといわれた『ぐゎらん堂』なのか？

グラスに口を付け、チェリーに火を点け、所在を失ったように黙って座っていたが、何が面白いのかお客は依然同じように会話もなく、ただ黙々と自分の時間の中にいた。多分他の人があたしを見たら、やはり同じように見えたに違いない。

勘定を済ませて帰る客、新たにやってきた客――あたしはドアが開くたびに、もしや高田渡がとドアの方に眼をやるのだが、客は見知らぬ、得体の知れぬ風体の人たちばかりであった。常連であろうか、従業員と二言三言会話を交わす人間もいたが、会話は自分が求めていたフォークの話に発展することはなかった。今日だけ特別なのか、あるいはいつものことなのか……。

それが一時間続いたか、二時間続いたか、途中従業員をつかまえて、何気ない素振りで「今日は高田渡さん、来ないんですか？」と訊いてみた。

「渡？　さあ、来ているんならもう来ている時間だけど、来るかどうかは分からないよ、気ままにフラッと現れるから」

その言葉に、ガッカリさせられた。

——高田渡はフラッとなのかもしれないが、こっちは意を決して葛飾からやって来たんだぞ。

あたしは勘定を済ませて『ぐぁらん堂』を後にした。


失望させられた『ぐぁらん堂』に、なぜもう一度足を運んだのか、これも記憶が定かではないが、それから時を置かず、あたしは再び『ぐぁらん堂』の客となっていた。

その日は、前回とは違って客席には会話が飛び交っていた。客席は和んでいた。あたしはこの前とは随分違う雰囲気に戸惑いながら、ビールを頼んだ。しかし顔を知る人間がいるわけでもなく、ただ興味深く周囲の会話に耳を傾けているだけであった。

ドアが開いたと同時に、「ようっ、渡！」という声が耳に入った。あたしははじかれたように入り口に眼をやった。そこに高田渡の姿があった。彼は「ああ」と返事をすると、空いている席に座り、「九州の帰りだよ、ウィスキーちょうだい」と言ってギターを自分の横に置いた。客席のみんなもそちらの方に眼をやっていた。あたしは彼の所作を離れたところから見ていた。高田渡はショートホープに火を点けると、別段美味くもなさそうにその煙を吸い込んだ。

やがてビールで勢いを付けたあたしは、トイレに行く足で彼に声をかけた。

「以前、青山タワーホールで一緒になったとき、お茶の水のレコード屋まで同行した者ですけど……」

彼はゆっくり顔を上げて「ああ、あのときの」と言葉を返してきた。数カ月前だから忘れているはずはなかったが、覚えてくれている、それだけのことで浮き足立った。

「どこから来たの？」

「葛飾からです」

「へぇ～そんな遠くから」

その程度の会話しかしなかったように記憶するが、それでも幸せな気持ちで一杯であった。

それからあたしは急速に吉祥寺に近付いた。『ぐぁらん堂』で知り合った若者たちと、朝まで一緒に飲んだりするような仲になるのにさほど時間はかからなかった。街中をぶらついていれば、必ず誰か知り合いと顔を合わすことができ、奢ったり奢られたりそれが楽しかった。夜中の三時に井の頭公園でカン蹴りをして、お巡りさんに捕まったこともある。

水割りなんぞじゃ　とてもじゃないが
おさまり切れない　そんな夜だった
俺らあせるあまりに　ついつい交通違反
国道辺りをパトカーに　追われて逃げていた

馴染みの飲み屋じゃ　悪童共が
顔突き合わせて　グラスを合わせ
ヤツら寒い時代に　火を着ける算段してた
右手にガソリン目には花火　口には導火線

高田渡が通っていたハモニカ横丁の『ささの葉』

夢が遠くに見えてる　そんな夜だった
風がなんだか呼んでる　そんな夜だった
風に吹かれた　Ｈａａ　あの時代
俺らあそこに居られて　よかったぜ

（風に吹かれた時代《ころ》）

ハモニカ横丁や、モツ焼きの『いせや』を知ったのもこの頃である。そこにはいつも高田渡の顔があった。酔って終電を過ごし、高田渡やシバの家に泊めてもらったこともあった。こんなことが頻繁に続いても、あたしは中央線沿線に住んでみようとは思わなかった。この街はやはり自分としては遊びに訪れる街だと割り切っていたのだ。住むには、自分の波長と、何かが違っていた。それは一体何だったのだろうか？
吉祥寺は変わってしまった。『ぐぁらん堂』も閉店して二十五年以上経った。加川良、中川イサト、友部正人、中川五郎、アーリー・タイムス・ストリングス・バンド等々の面々が青春時代を過ごした街、吉祥寺。彼らもいずれ吉祥寺を出て行ってしまった。

二十五年来、あたしは吉祥寺にある『MANDA－LA2』というライブハウスで、月一度のライブを行っている。それなのに吉祥寺をあまり歩かない。これは自分の中にある、かつての吉祥寺と、今の吉祥寺とのギャップに戸惑いを覚えるのが嫌なのかもしれない。

憂い儚《はかな》んでいるわけではないが、あの頃の吉祥寺を歩いてみたい。あたしがいた、まだ青い頃の吉祥寺を……。

あっ、自分の波長と何が違っていたか今分かった。あたしは、この街に東京の匂いを感じなかったからだ。

ハモニカ横丁側のおでん屋『大ちゃん』にて

追悼・高田渡……。

吉祥寺駅で中央線に乗り換え、三鷹の駅前に降り立った。考えてみると、三鷹駅に降りたのはこれが初めてかもしれない。

駅前の銅像を横目に、訊いていた道を心の中で復唱しながら高田渡の家へ向かった。「早く会ってやらなければ」という気持ちと、「このままずっと、家に着かなければいいな」という妙な気持ちが交錯した。実際足取りは重かったのだが、それでも確実に一歩一歩彼の家に近付いていった。この道を彼は毎日歩いていたんだ、という感慨がわいてきた。青々とした街路樹が陽の光で、やたらにキラキラしていた。

——渡ちゃん、会いに来たよ。

四月十六日（二〇〇五年）、フォーク・シンガーの高田渡が亡くなった。釧路で倒れて十二日間、病院のベッドの上で意識が戻ることなく逝ってしまった。酒が直接の原因ではなかったかもしれないが、それが引き金になったことは否めない。

高田渡氏は友人であり、師でもあった。もし彼の唄に遭遇していなかったら、自分はこの世界に入っていなかったかもしれない。彼の亡くなった四月十六日は、あたしの五十三回目の誕生日でもあった。

――なぜよりによって、あたしの誕生日に……。

そうか、渡ちゃんはもっと早くあっちの世界に旅立ちたかったのに違いない。「でも、もう少し頑張ればなぎら君の誕生日だ……彼がずっと僕の死んだ日のことを忘れないために、十六日まで頑張ろう」ということなのかい。大丈夫、忘れはしないよ。忘れられないよ。

一九六九年三月二十七日、渋谷公会堂で〈フォークのつどい〉なるコンサートが行われた。そのとき初めて高田渡のステージを観た。共演者として高石友也（後にともや）、岡林信康、五つの赤い風船という、そうそうたる名前が連なっていた。

あたしはそのコンサートを聴いて、それまで心酔していたアメリカのフォーク・ソ

2005年3月11日、西新井ギャラクシティ文化ホールにて。最後の競演のとき

ングのコピーをやめてしまった。それほど、その夜のコンサートは、あたしに強烈なショックを与えた。中でも高田渡の唄に感動し、以来高田渡の唄を模倣することに終始したのである。あたしがちょうど高校一年から、二年になるときであった。

初めて口を利いたのは、六九年の十二月だったか、その頃あたしはすでに高田渡べッタリになっていた。神田共立講堂の楽屋で、彼は自費出版の詩集〈個人的理由〉の誤植の箇所に、正しい文字の紙片を糊でもって貼り付けていた。「それは売り物ですか？」というようなことを訊いた覚えがある。彼はあたしをチラッと上目遣いに見ると、「そうだけど」と素っ気なく答えた。

そんな彼とまさか一緒のステージを踏めるなどとは、夢にも思っていなかった。だが、あたしがアルバムデビューする七二年の夏過ぎには、一緒のステージに立っていた。こんなことを彼の前で口にすることはなかったが、それはまさに贅沢な時間であった。

彼がいつ頃酒を覚えたのか知らない。気が付けば、いつも酒を飲んでいる彼がいた。最近眼にした彼の回想によれば「二十二歳の頃だ」というから、七一年頃ということだろう。酒飲みにしては、随分遅いスタートである。一緒のステージに立ち始めた頃に、渡ちゃんは飲み始めたことになるが、あたしはすでにその頃、相当な酒好きになっていた。

七三年発行の〈新譜ジャーナル別冊・高田渡〉の扉には、ニッカのウィスキー、ノースランドを飲んでいる写真が載っている。そういえば彼の影響なのだろう、あたしも一時はノースランドばかり飲んでいた。その別冊誌に、「彼とは良く酒の席をいっしょにしますが、僕も彼も良く飲みますが、二人とも胃を病んで深酒はさけておるのが残念です。（中略）でも彼と酒を飲み話しこんでいると大変楽しいものです（原文のママ）」と、あたしが寄稿している。胃を病んでいたというのに、それからふたりともずっと飲み続けていたと言うのかい？

高田渡著〈バーボン・ストリート・ブルース〉に、こんな一節がある。

　肝臓を壊す前の話であるが、〈新譜ジャーナル〉という音楽雑誌に掲載された「フォーク界の酒豪ベスト3」には、なぎら健壱、友川かずきとともに僕の名前も挙げられていた。

　だけどふたりに比べれば、僕の酒の飲み方はいたって品行方正、静かなものである。「グラスに注がれた酒を最初の一口だけ飲んでしばらくそのままなんだけど、ふと見るといつの間にか半分ぐらいなくなっている。次に気がついたときにはもうすっかり空になっている。そんな調子で延々と飲み続ける」とは仲間の言。
それに対し、あーでもないこーでもないとウダウダ言いながら調子よく飲むのがなぎら健壱。友川かずきは、丼に氷を入れて、ビールなりウィスキーなりをザザッと注ぎ、ガバガバッと飲むタイプだ。いくらなんでもお汁じゃないんだからと思うのだが、本人はそれがいちばんいいらしい

そうかねぇ、品行方正かねぇ？　まあ本人がそう言うのなら、そういうことにしておきましょう。それにしても、肝臓を壊す前の話って言うけど、肝臓も病んでいたというのに、ずっと飲み続けていたと言うのかい？

渡ちゃんの家に向かう間、あたしは九五年に行われた、二十五周年コンサートのことを思い出していた。あのときは、三人の師匠ということで、ヴァイオリン演歌界からは桜井敏雄さん、カントリー界からはジミー時田さん、フォーク界からは渡ちゃん

に出演してもらった。三人とも大酒飲みだった。桜井先生は酒で身体を壊して、歳を取ってからはアルコールを一切断っていた。ジミーさんはあたしの中で三本指に入る酒豪だった（渡ちゃんはその中に入っていない）、渡ちゃんは周知のとおりである。ジミーさんと渡ちゃんが揃い踏みということで、缶ビールを六缶ずつ渡しておいた。

あたしの出番が休憩に入り、随時師匠連が出演となったとき、あたしは自分の楽屋の様子を見て呆れてしまった。六缶ずつのビールが足りなかったのだろう、勝手に人の楽屋に入り込み、付け届けされた、まだ熨斗《のし》がはがされていないケース入りの缶ビール二十四缶の半分ほどを飲んでしまっている。何も人の楽屋に忍び込んで、しかもぬるいビールを……言ってくれれば、ちゃんと冷えたビールを用意してあったのに……文句も言えない。それにしても……呑兵衛ってのは意地汚いよな〜。

桜井さんが鬼籍に入ったのが九六年（享年八十七）、ジミーさんが彼岸に行ったのが二〇〇〇年（享年六十三）……渡ちゃんにはもう少し長生きしてもらいたかった。それが五十六歳の若さで逝ってしまった。我が師匠の三人とも逝ってしまった。

あたしは彼の家に辿り着き、どう家族に声をかけていいのか戸惑う中、部屋の隅に安置されたお棺の亡骸に手を合わせた。

「渡ちゃん、一体どうしちゃったんだよ」

答えることもない渡ちゃんに声をかけた。

彼の名前は〈パブロ　高田渡〉になっていた。

渡ちゃん、向こうではお父さんに会えたかい？　お母さんには？　八歳で死に別れたんだよね、どんなにお母さんに会いたかったことか……。もう何も気にしなくていいから、幾ら飲んでも平気だから……でも、あんまり飲んだら、今度はお母さんに叱られるかもね。


あたしは彼の通夜も葬儀も茫洋として、まるで遠い過去のような気がするのである。思い出そうとしても、それはまるで夢の世界のように現実味を帯びていない。それが十日経ち、一カ月を過ぎ、そして今、やたらと現実味を帯びてきている。それはあたかも彼の飲み方のようなのだ。彼の飲み方のように効いてきている。強いスピリットではない、日本酒をつらつら一日中飲みながら、だんだん酔いが回るように思い出されてきているのである。

酒豪ではないのに、朝から空気を吸うがごとく当たり前に酒を飲んでいた。飲んではゴロンと横になり、起きてはまたつらつら飲み出す、そういう飲み方だった。亡くなる前は昼頃起きて、夕方必ず吉祥寺の『いせや』に出かけ、二合か三合飲んでは中通りをトボトボ帰って、家で二合というのが日課だったらしい。

もう何も心配しなくていい。美味い酒をたらふく飲んでくれ。

合唱。

合掌とワープロのキーボードを叩いたら、合唱と変換されてしまった。渡ちゃん、もう一度合唱したかったね……。

合掌そして献杯。

朝から高田渡の姿があった『いせや』

高田渡の〝お兄さん〟——酒と日本橋久松町

都営地下鉄線、東日本橋の駅に降り立ち、外に出たのはいいのだが、自分が町のどこにいるのか所在を失い辺りを見渡した。事前に電話で訊いていた住所を簡単に地図にしたものをポケットから取り出し、それと見比べるのだが一向に埒が明かない。えいままよと、大通りが交差する地点まで歩き、どうにか地図と風景を合致することができた。うなずき、こっち方向かと定めてさらに足を進める。

この辺りは車ではよく行き過ぎることはあるのだが、滅多に足を向けることがない。地域的にもそんなに暗い場所ではないのだが、隣り合う町との関連がよく分からない。当然、今いる町はどの場所なのか把握できるのだが、それが一旦隣町に足を踏み入れると、「えっ、ここどここが繋がっていたのか」と、妙な気分になるのだ。自分の中ではその町は独立して存在し、隣接する町もまた独立して存在しているから、そのような感覚におちいるのだろう。そして、いかにこの辺りの町のエリアが狭いかということを知らされるのである。

　手にした地図を眼にするのだが、あまりに簡易過ぎて距離感が分からないため、このまま真っ直ぐ進んでいいのだろうかと一瞬不安になるが、やがて地図どおりの曲がり角に差しかかる。そこを折れると、薬研堀不動院が見える、とあるが、薬研堀と書かれた旗はあるのだが——あった、あった、眼の前に薬研堀不動院が現れた。ここまで来れば、やがて間もなく目的地である。

　どうにか迷うこともなく、目的の家まで辿り着いた。チャイムを押すと、しばらくして覗いた顔は高田渡の顔であった。いや、渡ちゃんは鬼籍に入ってしまい、ここにいるはずがない。顔を出したのは渡ちゃんの兄貴、烈《いさお》さんの顔である。高田渡は四人兄弟の末っ子であったが、烈さんは直ぐ上の兄貴であり、兄弟の中でも渡ちゃんに一番よく似ている。また、声も似ているのだ。その似ている声が「どうぞ」とあたしを招き入れる。

　烈さんとは初対面ではない。それまで何回か顔を合わせたことがあった。最後に顔を合わせたのは、渡ちゃんの二回忌の時だったであろうか。あたしはふと渡ちゃんに会いたくなることがあるのだが、あっちの世界に逝ってしまった渡ちゃんに会うということは到底叶わぬことである。しかし渡ちゃんの思い出を語ることは可能である。渡ちゃんの思い出を話したい、そして聞きたい。あたしは兄貴の高田烈さんを訪ねた。しばらく四方山話をした後、どちらからともなく「一杯飲《や》ろうか」と暮れかけた町へ出た。

人形町、ここは純然たる下町である。あたしは、下町にはいささか明るいと自負しているのだが、この人形町界隈はあまり足を運ぶことがない。他の下町エリアのように足繁く通い、飲み屋をハシゴするなどということもほとんどない。自分の中で、人形町界隈は下町最後の砦と思っている。

友人の満《まん》ちゃんが、その人形町からほど遠くない久松町に魚屋を開いた。人形町駅から目指す魚屋に向かうときも、「ここは自分の中の、最後の砦だなぁ」と思って歩いていた。

やがてどうにか目指す場所に辿り着いたのだが、ここもまた、人形町、浜町、久松町とが頭の中で合体できないでいる。そのため、決して最短距離で探し出すことができたわけではない。

「なぜここでお店を出したの？」と満ちゃんに質問をぶつけると、「安い物件があったから」という返事が返ってきた。こっちとしては「下町ならこの辺りだよ」と、色気のある返事のひとつも聞けるだろうと思っていたのだが、「安い物件」の言葉にはいささか拍子抜けであった。

近所の飲み屋で一杯飲《や》りながらおしゃべりをしたことを覚えているが、その満ちゃんから、今度は店の隣に小さいけれども飲めるスペースを作ったと連絡が入った。あたしはさっそくその店へ向かった。

五、六人も入れば一杯になってしまう『酒喰洲《しゅくず》』という小さな飲み屋であった。あたしは早い時間、まだお客さんのいない店内でビールを飲っていた。新鮮さが売り物の魚が眼の前に出てきた。

「相変わらず現地直送にこだわっているの？」と満ちゃんに訊いた。満ちゃんは、「うん、養殖は使いたくないよ。お客さんも、いい物を提供していれば、その内分かってくれるよ。それだけしか能がないからさ」と笑う。

あたしには、「その内分かってくれるよ」の言葉の意味が分かっていた。満ちゃん

満ちゃんが経営する久松町の魚屋さん

は以前江東区で、全国の浜から直送の魚介類が売り物の魚屋を営んでいた。そして店の裏に飲めるスペースを作った。やがて魚介類だけいい物では仕方ないと、野菜類も有機栽培、調味料も無添加のものと凝り始めた。しかし凝り過ぎて、結局自分の首をしめる形となって、廃業を余儀なくされた。満ちゃんが提供する「いい物」は、結局分かってもらえぬ形で終わってしまった。

あたしは新鮮な魚を口にして、日本酒に切り替えていた。以前は甲類の焼酎も置かなかった満ちゃんは、今はそんなことばかりも言っていられないと、チューハイも出している。

勤め帰りのサラリーマンがやって来る時間になった。あたしは店の奥に身を置いて、有線放送から流れるBGMを耳にしていた。フォークのチャンネルから、懐かしい唄が次から次へと流れる。「あっ、高田渡だ……」あたしは顔を上げた。あたしは高田渡に心酔し、この世界に入った。

「さて、どこで飲もうか?」

その烈さんの言葉に、あたしは咄嗟に『酒喰洲』を思い出した。「久松町って近いですか?」という問いに「すぐそこだよ」と烈さんが返した。

前述したように、東日本橋と久松町がどのように繋がっているのかサッパリ見当がつかない。ふたりは『酒喰洲』に向かった。

やがて眼の前に『酒喰洲』が現れたのだが、あたしが『酒喰洲』に向かう反対方向から店の前に出た。

「えっ? こんなに近かったの?」

そうなのである、この地理関係が理解できないのである。

店内にはすでに三人の先客がいた。烈さんとあたしはビールで乾杯をした。ツマミの魚《さしみ》に烈さんが「美味いね」と言う。あたしはなんだか自分のことのように、嬉しくなって「でしょう」と烈さんの顔を見た。

あたしはグラスを重ねるにつれ、渡ちゃんのことをしつこく訊いた。烈さんは嫌な顔ひとつするでなく、渡ちゃんのことをいろいろ語ってくれた。子供の頃のこと、深川に越して来た頃のこと、九州の親戚にあずけられた頃のこと……。

「満ちゃん、こちらの方、誰かに似ていると思わない?」

眼の前で何か調理をしていた満ちゃんが顔を上げた。

「えっ?」

しばらくあって、「さあ、誰だろう?」そう言って首をひねった。

「高田渡さんに似ていると思わない?」

「うん、そういえば何となく」

「こちらは、渡ちゃんの兄貴」

「えっ?」

「高田渡のお兄さん」

「あっ本当だ、笑うと似ている」

「渡の兄貴です」

「ああ、声も……」

その時である、本当に偶然に……。

本当に偶然に、有線から高田渡の唄が流れたのである。

酒が飲みたい夜は　酒だけではない
未来にも口をつけたいのだ

久松町の酒喰洲

日の明けくれ　うずくまる腰や
夕暮れとともに　しずむ肩
（酒が飲みたい夜は）

あたしは黙って、グラスに眼を落とした。

――こんなことって……。

あたしは烈さんの顔を見た。烈さんは何もなかったようにビールを口にしている
――唄を聴いているのか、酔っているのか。あたしはそこに渡ちゃんを感じていた。

それはあたかもこの町のようであった。町と町の関連性がよく分からないのに、やがてそれが繋がるように、今、全部が繋がったような気がしたのだ。

その夜の酒は美味かった。そしてやけに酔いが回った。

ふらつく足であたしは駅に向かったのだが、近回りをしようと枝道を行くと浜町駅に出てしまった。なるほど、こっち方向に歩けば浜町なのか……繋がった。

上野とあたし

上野は不思議な街である。上野恩賜公園の中には博物館や美術館が建ち並び、アカデミックな顔を覗かせていると思えば、程近い場所には雑多なる商店の集合体であるアメ横が鎮座している。また不忍池の南側、上野二丁目辺りを中心とした盛り場としての顔も持っている。

もっとも上野を現在のような歓楽スポットとしたのは、やはり上野広小路の存在が大きいだろう。火災避難場所として各地に作られた広小路だが、上野の場合は火除け地の役割を捨て、江戸時代から見世物小屋やお茶屋が建ち並ぶ、有数な歓楽地となった。それが時代を経て、雑多な色を持つ現在に至るわけなのだが、あたしの未刊の小説〈演歌屋〉の中に次のような一節がある。

「震災後上野山下、広小路は盛り場として発展し、さすがに銀座の客のように洗練はされてはいなかったが、上野駅の傍ということで遠来の客や、上野駅を利用する人たちで繁華街は賑わっていた。この辺りは東京屈指の盛り場として名を馳せていた」

登場人物の四人は駅方向から、頭上にユニオンビールのネオンサインがある東京市公民食堂の前を通り過ぎて、しばらく広小路の方へ向かって足を進めることになる。そしてキリンビアホールの前を過ぎ、仁丹の大看板がある建物の丁度前辺りで足を止めると、主人公は頭上を仰ぐ。

「夜ともなると各店舗の灯りや、色とりどりのネオンサイン、それに地下から屋上まで十階建て、総延坪十万坪の百貨店、上野松坂屋のイルミネーションと、屋上のサーチライトが圧巻であった。おのぼりさんといわないまでも、大の大人がしばし立ち止まり、呆《ほう》けたように頭上の光りを見上げている姿を見かけることも珍しくはなかった」

これは昭和十三年の、上野界隈の光景を書いたものであるが、戦前においても上野は東京東側の歓楽街としてすでに有名であった。浅草が「もうこれ以上の行楽客はいらない」という、贅沢な突っ撥《ば》ねでもって山手線の乗り入れを拒んだため、山手線は浅草を迂回して上野駅に停まることになった。これが上野をさらに発展させることに

上野不忍池にて

なったのである。

浅草もそうであるが、歓楽街の上野もどことなくいかがわしいニオイがする。このいかがわしさがたまらなくいい。

若い頃からアメ横辺りをブラブラするのが好きで、仕事がないときなど、よくアメ横の中に身を置いていた。江戸川乱歩は浅草を「玩具箱《おもちゃ》をひっくり返したような町」と称したが、どちらかというとあたしが足繁く通っていた70年代は、浅草よりもアメ横の方が玩具箱然としていたように思える。闇市として発達したニオイが、多少なりともまだ残っていて、その空気に魅了されていたのかもしれない。

アメ横通りと、上野駅前通りの間にある迷路のような商店街を歩く。もうそれだけで、日本ではないどこかアジアの国に迷い込んだような錯覚さえ覚える。しかしそこは異国ではない、れっきとした東京なのである。それを知っていても、何か他の場所とは違う香りを感じさせる。それが楽しかった。他では見ることのできない物が売られていた。実際玩具箱なのである。今のアメ横は流行《はや》り物があると、右へ倣《なら》えのごとく同じような物ばかりを商う店が増えてしまい、アメ横でなくてもいい、というような思いに駆られてしまう。そうした昨今の物真似文化は、渋谷新宿に任せておけばいいのだ。

革ジャンやジーンズを買った日、あたしは紙袋を抱いたままアメ横近くの飲み屋に入っていた。足繁く通っていたその界隈なのに、特定の飲み屋で飲んでいる姿が残像として浮かばないのは、いつも行き当たりばったりの店で飲んでいたからに他ならない。それでも、『たる松』『大統領』『文楽』と、何軒かの店名は記憶に残っている。

中でも、アメ横の真ん中辺りに位置するガード脇の、『たる松』へは幾度か通った。樽酒を出す、別になんていうこともない市井《しせい》の居酒屋なのだが、カウンターのオヤジさんが乙《おつ》であった。ぞんざいで、客を客とも思わない口の利き方が心地よかった。当然、それは店の売り物にもなっていた——本人の意図とは関係なく、経年で売り物になってしまっていたのかもしれないが——しかしもうひとりのオヤジさんも、同じようにぞんざいであったから、やはり売り物だったのかもしれない。

頑固とも偏屈とも違う、客扱いのぞんざいさが妙に心地好かった。中にはシャレの利かない客もいて、オヤジさんに対して憮然と怒る客もいた。最初はその客の怒りを受けて立っていた店のオヤジさんも、シャレが利かないと分かると黙ってしまっていた。そのとき、やけに悲しそうな眼をしていたのが印象的であった。あたしはその客に対して、「あんた、シャレが分からないのか。オヤジ、もっとぞんざいさを見せてやれよ」といわんばかりに、オヤジさんを挑発して、わざとぞんざいな言葉を引き出させたのを覚えている。客が帰った後、オヤジさんはニヤッと笑って、「ほら、飲めよ」とやはりぞんざいな言葉で酒をサービスしてくれた。

それから一、二度『たる松』には顔を出すことがあったけど、そのオヤジさんの姿が見えなくなり足が遠退いてしまった。辞めてしまったのか……。やはり会話が、一番の酒の肴であるということを証明するような店であった。


前掲の拙著に、上野二丁目辺りを書いた一文がある。

「広小路界隈から、本郷寄りの池之端仲町辺りの花柳街もいい商売になったが、櫻井は勝手知ったる広小路の一本裏通りの飲食街に入っていった」

三十代半ばは、よくこの二丁目で飲んでいた。夜半になっても客足の途絶えることのないこの辺りは、怪しげな店も多く、いつも客引きの執拗な攻勢をかわすのに、ほうほうの体であった。乱暴に袖を引く客引きに、こっちも乱暴な気持ちになっていた。

そんな中、駐禁の場所に、どう見てもそのスジの方の車とおぼしき外車が二台停めてあった。あたしはおもむろにその車の上に土足で上がると、フロントから屋根へと駆け上がり、助走を付けるともう一台の車に飛び乗った。ボコっとえもいわれぬ音がした。そのスジの方の車でなくとも、見付かれば尋常な身体で帰れるはずがない。今考えてみれば、危険極まりないことをよく平気でやったなと、背筋が寒くなるが、まあ若気の至りというやつだろう（三十代半ばで、若気の至りもないものだろうってか……）。

今これを書いていて、急に中川勝彦君のことが想い出された。勝ちゃんは、あたしがメインパーソナリティをやっていた〈ＴＯＫＩＯ　ＲＯＣＫ　ＴＶ〉（テレビ東京）のサブパーソナリティであった。残念なことに、九四年に急性白血病で急逝してしまった。美男子を売り物にしていた歌い手であったが、三十二歳の若さで逝ってしまった。

彼とはよくこの二丁目で飲んだ。いや、この辺りを紹介してくれたのは、彼だったかもしれない。彼とは歳が十歳離れていたが、下町同士ということで、プライベートでもよく飲み歩いた。〈吾輩は猫である〉や〈路傍の石〉にも登場する、宝丹という薬（粉末状でちいさなアルミ容器に入っている胃腸の薬）を『守田宝丹』で買い求め、それを鼻から吸って「効くなぁ〜」とバカなことをやっていた。

ある飲み屋で、身を反転させることもままならない水槽に飼われている巨大鯉を眼にして、「お前もこんな小さなところで飼われていて、食欲がなくなるだろ」と宝丹を入れてやった。それを店の親父に見付かり、怒られたこともあった。二人とも会えば、いつもそんなバカな酒の飲み方をしていた。

あたしも人のことはいえないが、勝ちゃんはその容姿から想像できないぐらい血の気が多かった。道端で理不尽に因縁をつけられたりすると、あたしより先に相手に向かって行った。また勝ちゃんはアイドルであるがため、カミさんや子供がいることを公表できないことで悩み、また葛藤していた。歳が離れているし、気心が知れているということで、酒場でそんなことも打ち明けてくれた。で、最近知ったことなのだが、そのときの子供が、売り出し中のアイドル、中川翔子である。

今この場所に立っていて分かることは、相変わらずいかがわし気で、朝方まで眠らない街であるということである。様変わりをしていないようで、やはり街は顔つきを変えている。今はもう名前さえ記憶にないが、毎晩若者が集っている角にあった店もなくなってしまった。

アケミちゃんが勤めていたあの店も……勝ちゃんももういない。みんな変わっていくのに、自分だけが変われない。未練たらしく、つらつらと昔ばかりを偲んでいる。でもこの街は、そうした思いにさせてくれるんだよな。

さて、『琥珀』でマティーニでも飲《や》るとしましょうか。マスターは元気でいるのかな。

御徒町、佐原屋

神保町とあたし

レコードデビューは果たしたものの、本気でプロになる決心がまだ付かず、葛飾の工場でアルバイトをしながらデザイン学校に通っていた。もう三十年以上も前の話である。

突然工場に、何回かインタビューを受けたことのある、音楽関係の雑誌を発行しているJ社から電話が入った。訊くと、高校生の女の娘《こ》が家出をして、その娘の机の上にJ社の音楽雑誌が開かれて置いてあったという。しかもそのページには、あたしの写真があったというのだ。「親御さんから連絡があったんだけど、何か心当たりはないか」と編集者は言う。確かに名前を聞くと、コンサートで何回か見かけたことのある娘であった。しかしプライベートで会ったこともないし、心当たりなど全くなく、あたしは「知りません」としか答える術がなかった。知りませんとは言っても、なんとなく内心、すっきりしないものがあった。あたしは親御さんが営んでいる飲食店の場所を訊くと、その店を訪ねた。

お父さんにこちらの知っている限りの情報を提供しようとするのだが、先程言ったように提供できる情報は何もないのだから、全くなんの足しにもならなかったであろう。

結局二日後、娘は何もなかったかのようにふらっと帰って来たと、お父さんから連絡が入った。雑誌の開かれていたページにあたしがあったのは、単に偶然というだけに過ぎなかった。

その店は今も神保町にある。ビヤレストラン『ランチョン』の窓際に座って、ボーっと思いを巡らせていると、なぜかいつもそのことが頭をよぎる。いえいえ『ランチョン』がその店ではありませんからね。


神保町に足繁く通うようになったのは丁度その頃、二十歳前後の頃だと思う。葛飾からデザイン学校に通うのには、千代田線を新御茶ノ水で降り、丸ノ内線に乗り換えなければならなかった。そんな時、よくこの街で時間をつぶしていた。そういえばト

ランチョンの窓辺

ーストを頼むとサラダとゆで玉子だったかが付いてくるので得をした気持ちになり、よく『ジロー』という喫茶店に入り浸っていた。

また当時、フォーク・ソングにのめり込んでいたあたしは、洋盤の希少なアルバムを漁るのに、お茶の水は格好の場所であった。高価なギターを羨望の眼差しで見ていたのもこの界隈である。

神田神保町を考える時、果たしてここは下町の範疇なのだろうかと首をひねってしまうことがある。堀内の神田であるからして元来の下町であることは間違いないのだが、靖国通り沿いには下町のニオイが全く感じられないのだ。やはりここも元来の下町でありながら、下町色を失ってしまった街のひとつなのであろう。これは学生街として発展をしたため、普段接している景色が下町らしさをあまり感じさせないためだからなのかもしれない。しかし一歩路地裏に回ると、いかにもという下町らしいその顔を発見できたりするのも、またこの街らしさなのである。

神保町に初めて足を踏み入れたときのことは拙著、写真集『東京のこっちがわ』（岳陽舎）に詳しいのだが、それを書いておかないとあたしの神保町が語れないので、重複を承知で書かせていただく。

中学一年のときだったと記憶する。とにかく最寄りの駅が神田駅だと思い込み、神保町までひたすら歩いた。目的は古本屋である。あたしはどういうわけか古本屋が好きで、一度そのメッカである神保町に足を踏み入れたくて仕方がなかった。江戸川乱歩の少年探偵団シリーズを手にしたことで、本を読む楽しみを知り、その類の古本を漁って当時住んでいた葛飾区中の古本屋を巡り歩いた。やがてそのほとんどを網羅する頃、神保町の存在を知ったのではなかっただろうか。

とにかくひたすら神田駅から歩いた記憶がある。いい加減嫌になった頃、古本屋がポツリポツリと現れ始めた。しかし神保町には子供を対象とした本などなく、いささかガッカリさせられ、その日のために貯めた小遣いを握り締めたまま帰途に着いたのを覚えている。

高校になった頃、読書熱はさらに加熱し、読書好きの彼女と一緒に神保町に出向いた。そのときも神田駅から歩いたのだが、その長い道程、別に彼女とは手を握るでもなく、一体なんの話をしながら歩いたのかまるで記憶にない。確かそのときも何も買わなかったと思う。

前述したように、二十歳の頃から頻繁に神保町に足を向け始めたのだが、この街には特筆するような出来事があまりない――というか、今まで神保町のことをいろいろなところに掲載してきたが、それでほとんど書き尽くしてしまったのである。これは足を向ける頻度が少ないからというわけではない。むしろ逆である。月に何回か足を向けるのだが、毎回同じような行動を取っているからに過ぎない。要するに神保町での行動は、慣習的といっていいほど変わり映えがしないのである。勤め先に通うように、足を向ける頻度が多い場所だと、その行動は画一化される。つまりあたしにとってはそうした場所なのである。

神保町に通うのが日常的といえばおこがましいが、それほどあたしはこの街に足を運んでいる。コースは大体決まっている。古本屋を覗き、新刊本屋で何冊か書籍を購入する。そう言ってはなんだが、神保町の古本はいささか値が張る。そこで余程の出物でもない限り、購入するのはもっぱら新刊本である。市井の本屋だと何件もハシゴをしなければ見付からない本も、ここでは一軒か二軒でこと足りてしまう。しかし大型店の新刊本屋では、行ったり来たり、上がったり下がったりしなくてはならないもので、それなりに足は使う。

買った本を小脇に抱え、以前は喫茶店の『さぼうる』『ラドリオ』、ビヤホールの『ローターオクセン』に寄ることもあったが、最近はもっぱらビヤレストランの『ランチョン』と決まっている。もっとも最近といっても、もう十五年は同じコースであろうか。

ハーフ&ハーフのジョッキを傾けながら、購入した本のページをめくる。これは本好きにしか分からない最高の贅沢な時間である。それに飽きると、二階の窓から靖国通りを行き交う車や人に眼をやる。煙草をくゆらせ、漫然とした時間を楽しむ――この後、どこかの居酒屋に落ち着こうか――居酒屋？　そうだ、あの親父さんが亡くなって何年経つんだろうか……。

もうかなり前になるが、土間の広い『M』という居酒屋が裏道にあった。そこの親父さんは、興が乗ると大声で民謡を歌うのが常であった。お盆を片手に階段の手すりに片手を置いて、目を閉じて悦にいったように歌っていた。お客さんに聞かせるために歌っているのであろうが、突然の唄にビックリする客はいても、じっくりそれに耳を傾ける客は稀であった。あたしなどは、おためごかしでそうしたことを面白がり、よく歌ってくれとせがんだのだが、親父さんはそれを知ってか知らずか、しかし嫌な顔もせず歌ってくれた。歌う姿が実に嬉しそうだった。しかし厨房からは、そんな親父さんがうとましいのか、客がいることも構わず、息子とおぼしき男性が言葉に険を立てて「働け」と促していた。

やがてその店が改装することになった。

一時《いっとき》、仮店舗で商売をしていたのだが、改装されて新しくなった店舗に親父さんの姿はなく、仮店舗に独り残って商売をしていた。ツマミの種類もあまりなく、ガランとした店内でポツリと寂しそうであった。

チューハイを運んできた親父さんに「おじさん、民謡は歌わないの?」って訊いたら、「ええ、最近は歌わないですよ」と言葉を返してきたが、その言葉にはなんとなく生気が感じられなかった。

その親父さんが亡くなったと聞いたのは、かなり経ってからであった。親父さんは最後まで民謡を歌うことはなかったのであろうか。

もうあの親父さんのことを話題にする人などいないのかもしれない。覚えている人も……いや、少なくともあたしは覚えている。神保町が今よりもっと神保町らしさを持っていた頃、街の片隅の居酒屋に下町っ子らしい親父さんがいたことを……この街ってね、ぽつりぽつりといろいろなことを思い出させてくれるんだよね。

――この街には特筆するような出来事があまりないと書いたけど、それは違うのかもしれない。やっぱり自分の日常だからそれが見えないんだよな。それが証拠にビールが胃に納まってくるとともに、雨だれのように昔が浮かんでくるもん。

――さて、もう一杯ビールを飲《や》ってから河岸《かし》を変えますか……。

神保町、古書屋街

八重洲のシゲちゃん

台風の影響で新幹線が大幅に遅れ、とうに終電が終わってしまった時間、八重洲口のタクシー乗り場には長蛇の列ができていた。あたしはため息をつき、それに並ぶことを拒否して、駅前の植え込みに座っていた。

そういえば、あれは何年前になるか……。あの時も何らかの理由でタクシーがつかまらず、同じようにここでタバコをくゆらせていた。

——そうだ、あの時のことだ……。

あたしの持っているギターケースを見てとったのか、男がニコニコしながら近付いて声をかけてきた。

「お兄ちゃんは、プロかい?」

一瞬、なんのことか分からなかったが、男はギターを指していた。

「ええ、まあ」

眼を伏せたまま、あたしは一瞬嫌な顔をしたかもしれない。しかし男は意に介さず「俺も昔はプロを目指したんだ」と続けた。

「えっ？」

男の顔を見た。

「プロの歌手をさ……今じゃルンペンだけどよ。焼酎飲むか？　嫌か？」

――ルンペン？　さほど汚れてもいない形《なり》からしてそうは見えなかった。

しかしあたしは黙っていた。

「嫌だよな」

男はそう言って、訊いてもいないのに「俺、林シゲオっていうんだ。みんなはシゲちゃんって呼んでいるけど」と、言葉をつないだ。

「もらいますよ」

男の声には、何か拒否をさせない温かみがあった。

紙コップに焼酎が注がれた。

シゲちゃんはその時間までかなり飲んでいたのか、笑みをこぼしながら、饒舌《じょうぜつ》に語り始めた。

シゲちゃんの朝は早い。東京駅が目を覚まし、稼働する前に荷物をまとめ、もう仕事を始める。いや、仕事というには、いささか語弊があるかもしれない。シゲちゃんは仕事を持たない。世に言う、ホームレスというやつである。定職は持たないが、その日の糧はどうにかしなくてはならない。

まだ人がまばらな八重洲界隈をひたすら歩く。かつての流行《はや》り唄、〈上を向いて歩こう〉ではなく、下を向いて歩こうというやつである。理由は簡単、落ちている小銭を目当てに歩くのである。これを仲間内で、地見屋《じみや》と呼ぶ。

八重洲の周辺、駅の構内を、ひたすら下を向いて歩く。他人の領域である丸の内には足を向けない。これはホームレス仲間の、暗黙の仁義のようなものなのであろう。また、ゴミ箱を漁ったり、落し物か、忘れ物か、そこに置かれているカバンなどがあっても、それには手をつけない。もしそれを咎《とが》められでもしたら、自分の居場所を失ってしまう。

そんなに簡単に小銭など落ちていないだろうと思われるかもしれないが、日によってはどうにかタバコ銭に見合うぐらいは稼げるのである。しかし時間を逸すると、あっという間に掃除などが入り、小銭にはお目にかかれなくなる。

目立って人が駅舎に吸い込まれていく時間になると、シゲちゃんは八重洲の植え込みに座り、ハイライトに火を点ける。空に煙を吐きながら――天を仰ぎながら、行く末を考える。

もう何十回も、いや、何百回も同じことを、同じ場所で考えてきた。そして同じ数だけ、もう自分に問うのはやめようと言い聞かすのだが、再び同じことを自問するのである。

やがてシゲちゃんはゆっくり立ち上がり、八重洲通りを日本橋方面に歩き出す。午後になるまで、シゲちゃんは八重洲口から姿を消す。

午後になるとシゲちゃんは、東京駅構内にズラリと並んだ公衆電話の前に現れる。その電話の前を、両手の中に持った何枚かの小銭をチャラチャラいわせながら、ひたすら行き来する。誰かが声をかけてくるまで、辛抱強く小銭をチャラチャラいわせて往復する。

やがてそのチャラチャラに気付いて、誰かが声をかけてくる。

JR Line Tickets
JR全線
自由席
航空券
宿泊券
Hotel Coupon
旅のご相談
Travel Information

東京駅八重洲口構内

「あの〜、電話をかけたいんですが、百円玉しか持ち合わせがなくて……くずれますか？」

すかさずシゲちゃんは「えっ？」と言いながら、手のひらを開いてみせる。そこには十円玉が九枚。

「申し訳ないですが、九十円しかないんですけど」

その言葉に、ほとんどの人が同じことを口にする。

「ああ、九十円で結構ですよ」

シゲちゃんは体温で温まった九十円分の小銭を、百円玉と交換する。

「ありがとう」とお礼まで言われて、彼の懐にはたったの十円ではあるが、それが転がり込むという寸法である。これを両替屋という。

これが七十円、六十円の両替だったりすると、見入りは増えることになるが、逆に断られることもある。また九十円ではなく、八十円でもほとんどの人は「いいですよ」と返事をくれるのだが、シゲちゃんは九十円で通した。

しかし身なりが汚れていると、両替屋は途端に声をかけてもらえなくなる。当然のごとく、人はその格好を見て嫌悪感を持つ。しかるに、この身なりは重要な要素であった。公衆トイレの水道を使い、「清潔に」と言い聞かせ、身なりを整えることを忘れなかった。そうして手に入れたこの十円は、大切な十円であった。

日がな一日小銭をチャラチャラいわせても、数十円にしかならないときもあったが、それに対して嘆くことはあっても、恨むことはなかった。己の境遇をわきまえていた。

また、日によっては思いがけないほどの実入りになることもあり、バラ銭でポケットが重くなることもあった。そんなときは、何日分かの小銭を合わせて千円札に両替する。両替屋にはもうひとつの方法があるのだ。

それは千円札を見せ金にして、公衆電話の前で自分の方から声をかける。

「すみません。電話をかけたいんですが、千円札しか持ち合わせがなくて……千円、くずれませんかね?」と切り出す。

すると、多くの人が「いや〜、千円はくずれないな」と答えてくる。そこで額にシワを寄せ、あからさまに困ったような顔をすると、何人かにひとりは「幾らいるの?」と訊いてくる。そこで「十円か二十円でいいんです」と言うと、「じゃあこれ使って下さい、どうぞ」と言って、十円玉を差し出してくれる。たとえその相手が千円をくずす小銭を持っていて、千円がバラ銭になったとしても、別に懐が痛むわけではない。どこかで再び、千円札に替えればいいだけのことである。

だが、小銭を手に入れたからといって、そそくさとその場所を立ち去るわけにはいかない。小銭を手にしたあと、その人の眼があれば、電話をかける振りをして見せなければならない。善意に対しての、せめてものカムフラージュである。しかしまずいことに、相手が隣の電話でも使っていたりしたら、受話器の向こうに相手のいない、ひとり芝居を続けなければならない。

そのわずらわしさが嫌で、シゲちゃんは両替屋でも、前者を好んだ。どちらにせよ、人の善意を食い物にしているわけである。しかしシゲちゃんにしてみれば、小銭をチャラチャラさせているほうが、まだ心が軽いとそんなふうに感じている。

収入はタバコ代、わずかな食べ物か、焼酎に替わった。これは三百六十五日、まるで変わることがなかった。

あたしは八重洲の植え込みに座って、タバコの煙が吸い込まれる夜空を見上げていた。そしてシゲちゃんを思い出していた。

いつの頃から、シゲちゃんはこの場所にいたのだろ。シゲちゃんの口から出た言葉、

「ここは天国だ」は単なる強がりだったのだろうか。

あの時、あたしは焼酎が効いたのか、いつの間にか眠り込んでしまっていた。気が付くと夜が白んでいた。そこにシゲちゃんの姿はすでになかった。まどろみの中、「青年、頑張れよ」と、声をかけられたような気もする。あたしはハッキリしない頭でもって、人気のないタクシー乗り場に向かって歩き出した。

公衆電話も、やがてカード式になり、携帯電話の普及とともに、駅構内にある公衆電話の数は激減した。東京駅も例外ではない。ズラリと並んでいた電話は、間引きされた。それと期を同じくして、シゲちゃんは東京駅から消えて行ってしまった。

しかしこれは憶測である。というのも、あれから東京駅を利用するたび、公衆電話の前にシゲちゃんの姿を捜した。北口の路地にたむろしているホームレスの中に、「もしや」と思ったことも一度や二度ではない。だが、あれから一度もシゲちゃんの姿を見かけることはなかった。もしかして、あの一夜のことは、全て夢ではなかったのだろうか、そんなふうに思えてならないのである。

シゲちゃんは今もどこかの街で、まだ下を向いて歩いているのだろうか。シゲちゃん、もうそろそろ上を向いて歩かなくっちゃ駄目だよ……。

もう何年も前のこと、この植え込みにシゲちゃんがいた。

八重洲口夕景

池袋は不思議な街

　金曜の夜、カメラ仲間のOさんと池袋で一杯飲《や》ろうじゃないかと、飲み屋を求めて夜の街を徘徊していた。ここ何年かで池袋はすっかり変わってしまった。若者が道端を占領して我々の行く先を拒んでいる。また、どこの飲み屋もそんな若者たちで一杯である。繁華な場所から少し外れればどうにかなるだろうと、道の筋を闇雲に曲がって歩いて行った。やがて眼の前が開け、大きな建物が現れた。見ると、豊島公会堂である。

「へぇ〜、公会堂ってこの辺りだっけ」

　かつてこの豊島公会堂では、よくフォークコンサートが催されたのだが、駅からの道筋をすっかり失念していた。

「懐かしいなぁ」と思って眺めていたその時、突然妙なことが思い出された。あれは、あたしがまだアマチュアだった頃だと思う。あの時も、自分は今と同じようにこの建物の前に立っていた。

もう三十年以上も前、どういう伝手《つて》でその人物を知ったのかまるで記憶にないのだが、電車を乗り継いで教えてもらっていた住所のアパートにどうにか辿り着いた。降り立った駅名も、所在もまるで記憶にない。確か、大久保の辺りだったような……いや、大塚かも。そのアパートは六畳一間だったたか、独身者の住居然とした、いかにもというような共同アパートであった。

その部屋にはふたりの男がいた。ひとりの男は細身の身体に紺のジャケットを羽織っており、年の頃は二十代の後半ぐらいだっただろうか、それでも自分からすればかなり年上に見えた。端整な顔立ちで、言葉遣いもきれいであった。その人物の前に小太りの若者が正座をして、真剣な面持ちで何やら話を聞いていた。自分より二つ三つ年上であったたか。

挨拶を交わした後、細身の男はあたしを前にして、待っていましたと言わんばかりに、自分が主催するコンサートの概要を熱く語りはじめた。あたしもその話を聞くのが目的で、やって来たのである。内容をかいつまむと、今度、豊島公会堂でチャリティーコンサートを主催する。よって、君のように若い人間に手伝っていただきたい。勿論、唄も歌ってもらいたい、というようなものであった。出演者を見ると、売り出し中の吉田拓郎をはじめとして、有名なミュージシャンの名前が二十ほどあっただろうか。とにかく、そうそうたるメンバーの名前が連なっていた。

やがてコンサートの話からどうした経緯でそうなったのか、姓名判断の話になった。男は自分の得意とするのは姓名判断で、いずれ本を著すと饒舌《じょうぜつ》に語った。姓名判断がまだ一般的でなく、何のことやらよく分からなかったのだが、彼は競馬新聞を手にすると、騎手と出走馬の名前を数字に変え、この組合せを買えば間違いないと説明した。そして、過去の当たったデータを目の前に広げた。ふたりの小太りの若い男が「〇〇さんは天才ですから」とあたしに言った。この男もあたしと同じように、コンサートを手伝ってもらいたいと言われてここにいるのだろうか？

あたしは自分がそうした大きなコンサートを手伝えること、そして出演できることだけでも舞い上がっていたのに、その不思議な姓名判断の話に、すっかり魅了されてしまっていた。

池袋、人世横丁より望む

それから二カ月ぐらい間があっただろうか、豊島公会堂で二日にわたって、チャリティーコンサートは行われた。入場料がやたら高かったのを覚えている。それだけではなく、会場の入り口にはチャリティーの募金箱が置かれていて、入場者は半ば強制的に募金を払わされていた。

事前告知がちゃんと出来ていなかったのだろうか、出演者の名前が大きいにもかかわらず、客席には空席が目立った。手伝いをしていたあたしは何の用事があったのか、会場の表へ出ていた。そこにビリー・バンバンのふたりが通りかかった。ふたりは立ち止まり「詳しい連絡がなかったけど、ここでいいのかな?」と、公会堂を見上げていた。

不思議なコンサートであった。出演者の半数近くが現れなかったのである。コンサート二日目、この日も前日と大して変わり映えがしなかった。出演者の多くが顔を見せず、出番も到着した人間から順番に歌うというような、アバウトなものであった。

「××さんの出番は何時頃ですか?」のお客さんの問いに、例の男は「もう歌い終わりました」と答えていた。あたしは知っている、××さんは唄など歌っていないし、それどころか会場にも現れていない。

数時間して、男は入場料と募金を持って会場から消えていた。陳腐なやり口の詐欺であった。当然、出演者にギャラが支払われることはなかった。詐欺男はその後、いかなるコンサート会場にも姿を現すことはなかったし、姓名判断の本も発売されることはなかった。


後味の悪いというか、現実だかどうだか分からない半醒のような思い出なのだが、それが池袋という街の名前と、いや、眼の前の豊島公会堂と見事にオーバーラップしたのである。その後にも豊島公会堂には何回かコンサートで訪れたことがあるが、最初に池袋に訪れたのはたぶんあのコンサートのときではなかっただろうか。

というのも、あたしはその歳になるまで池袋に行った記憶が全くもってないのである。幼い頃の記憶をたどっても、池袋の文字は浮かんでこない。たとえ親に連れられて足を向けたことがあったにしても、それが果たして池袋だったのか、はたまた渋谷なのか新宿だったのか、さっぱり思い出せないのである。

池袋に通いだすのは成人してからの、それもほとんどがコンサート絡みなのである。

今でこそ、流行に身を固めた若者などが行き交う街になってしまったが、三十年以上も前の池袋はまだ末枯れていた。ギターを持って街を歩く記憶の街は〝暗い〟という印象が付きまとっている。とは言っても、道程は会場と駅との往復だけではなかったということは確かである。つまり居酒屋で一杯やるにしても、会場の近辺と決まっていたので、池袋をピンポイントでしかとらえることができず、池袋全体が見えていなかったからだろう。

七一年だと記憶するが、フォーク・シンガーの生田敬太郎に連れられて、一、二度池袋に足を運んだことがある。彼とはラジオのフォーク・コンテスト番組で一緒になり、同時期に受賞した関係で仲良くなったのだが、その生田が当時住んでいたのが池袋であった。池袋で何をしたのか、これもまた記憶にないのだが、ただ「ビックリガードというのを知っている？　トンネル式のガードの途中に信号があってね、みんなビックリするからそう呼ばれているんだよ」と教えられたことだけが頭をよぎる。それから池袋に行くたびに、反芻するようにビックリガードのことが思い出された。

立教大学の学園祭や、駅前ロータリーに仮設されたステージでのコンサートに出演した。中でも、七四年にシアターグリーンという会場で、一年間かけて毎月行われた『ホーボーズ・コンサート』が懐かしい。あたしは都合六回出演させていただいた。

池袋の思い出はほとんどない、「どうしよう」。そう思いながらこの文章を書き始めたのだが、この街のことを拾うように思い出していくと、かなりの回数訪れていることが思い出されてきた。しかし、理由は分からないのだが、どの記憶も散漫としているのである。

最近では一昨年（二〇〇六）の夏、都電荒川線沿線の写真集〈町のうしろ姿〉（岳陽舎）の撮影のため、この辺りはよく歩いた。夏の暑さにやられて疲れると、必ずと言っていいほど東池袋四丁目駅に降り立ち、人世横丁辺りでビールを飲《や》っていた。さすがにその時の記憶はある。いや、記憶があるどころではない。中古カメラ屋や古本屋を覗いたり、居酒屋の客になっていたりと、ここ一、二年、足繁くこの街に通うようになったのである。しかしそれは、自分にとって新しい街の感覚なのである。それまで、まるで足を踏み入れたことのない、新しく開拓した街のような感覚におちいるのである。そこに過去の池袋は存在しない。

一体どうしてだろう？　池袋は思い出されることを拒否するように——昔のことは忘れてくれ、と言わんばかりに記憶が希薄なのである。別に嫌なことがあったわけでもないのに……もっとも嫌なことがあれば、逆に忘れようとしても忘れられないはずである。

池袋は、自分にとって一過性の街なのであろうか。

不思議な街である。

人世横丁は2008年になくなってしまった

〝下町の空気〟が漂う町——柳橋・両国・錦糸町

テーマが下町残景ですか、そうですよね、どんどん東京から下町らしさが失われていく。もっともこれは今に始まったことではなく、本来下町と呼ばれたエリアは、とうの昔に〝らしさ〟を失ってしまっている。先人が、「下町らしさが皆目見られなくなってしまった」と嘆いたのは、戦後はおろか、遥かそれ以前のことであったのではなかろうか。

下町は江戸時代に形成され、江戸城の東側低地である御城下町《おしろしたまち》（現・中央区、千代田区の一部）から、東側に拡大を続けた。幕末から明治にかけて浅草、下谷地区が、大正期以後には深川、本所地区、そして芝が下町の範疇となった。戦後になり、さらに下町と呼ばれるエリアは範囲を広げ、東京オリンピックの後葛飾区、江戸川区辺りまでもが、下町の仲間入りをしたのである。それと共に本来の下町、江戸城の東側低地は全くもって下町色を失ってしまったのである。そう考えると、今回の歩く両国、錦糸町は、大正期以後に下町と呼ばれるようになったエリアである。

柳橋、両国は下町の雰囲気を色濃く残している土地であり、城東地区の錦糸町には江東楽天地（現・東京楽天地）があり、下町の歓楽街としてよく知られていた。

とくに柳橋は、東京の花街の中でも六花街《ろっかがい》（柳橋、新橋、葭《よし》町、浅草、赤坂、神楽坂）のひとつで、もっとも名を馳せていた場所だが、柳橋芸者がひとりもいなくなり、その灯が消えることを余儀なくされた（現在は柳橋の代わりに向島を加えて、六花街と称することもある）。

柳橋芸者は最初に、船の乗り方を練習したと聞いたことがある。これは屋形舟に乗るとき注意をしないと、屋根に髷《まげ》が当たってしまい、かんざしが川の中に落ちてしまうからだという。蛇足だが、この辺りでは「船」の字は「舩」と表記する。

東京の三業地の中でも有数の花柳界であっただけに、その灯が消えるということは一抹の寂しさがあるが、今は岸の両側に屋形舟の舩宿、風にそよぐ柳がその風情を偲ばせてくれている。

さて、今回はこの柳橋、両国、錦糸町を気の向くままに歩いてみることにしましょうか。

柳橋の欄干にもたれ、ふと足元に眼をやると、今まで気にも留めていなかったのだが、欄干の下に玉かんざしのレリーフがあるのを発見した。レリーフの数は結構あり、それぞれ玉の色を変えてある。

――いいですな、こうした普段気が付かないところへの気配り、これが江戸前ってもんですよ。これだけで、この町がどのような町だったかが分かりますもん。

両国橋を渡りながら振り返ると、夕暮れにはまだちょいと早いが、季節を感じさせる朱色の陽が柳橋の向こうのビルに射しかかっている。

両国橋を渡りきると、京葉道路を反対側に渡った。そういえば回向院に出る手前を右に折れると、その場所に『フォークロアセンター』というライブハウスがあったことが思い出された。普通の家屋をライブハウスに改造しただけであり、二階に上がるとすぐそこに八畳だかの部屋がある。それが客席であった。とにかく歌い手も聴き手も、初めて訪れた人はただビックリさせられた。なんだか自宅で歌っているようで、妙な空間であった。

柳橋から浅草橋を望む

両国橋東詰のたもとを首都高速が被うように走る

ジ・アルフィーの坂崎君と、ＷＯＷＯＷの番組で〈フォーク喫茶・ジャンボリー〉というのを収録していたのがその店である。今もあの店はやっているのだろうか？たぶんマスターの国崎さんが頑張ってやってくれているはずだ。

回向院の隣、両国シティコアがある場所に、かつて丸いドームが印象的だった日大講堂（旧・国技館）があった。

七二年の十二月三十一日、ここで総勢三十名以上の出演者で行われた〈祭１９７２暮／さらば歌達よ〉というコンサートが懐かしい。確か大晦日ということで、帰省地が離れているなど、早く帰りたい人間から歌い始めるという珍しいコンサートであった。歌い終わった人間から、「よいお年を……」とその場を去って行った。時間に制約がない人間は、祭ということにかこつけて、酒を飲んでベロベロになっていた。

突然、妙なことを思い出した。子供の頃、それもかなり小さな頃の記憶である。あたしは誰かと両国の駅前にいた。その時見上げるあたしの眼に、駅舎の壁にかかっている大時計が映った。その映像は夢だったのであろうか、何かと重なった錯覚であろうか。あたしは取って返して、両国駅まで歩くと、駅舎の前に立ってみた。駅の壁は昔のままであり、視線を上げると確かにそこに大時計があった。錯覚ではなかった。

しかしなぜそのことだけを覚えているのだろうか。不思議な気持ちのまま、再び歩き始めた。

京葉道路と、竪川の上をはしる高速道路の間辺りを、錦糸町に向かった。

本所松坂町（現在の両国二丁目から三丁目にかけての地域）を通り抜ける。忠臣蔵で有名な、吉良上野介の屋敷跡の前を通る。周囲の住民は、浅野内匠頭や四十七士側ではなく、吉良上野介の味方である。

いずれ、両国小学校に行き当たるが、この学校が芥川龍之介の母校である。住居跡は京葉道路を挟んで反対側にある。小学校の隣、両国公園の一角に勝海舟生誕地の碑があるのだが、よほど注意をしていないと見過ごしてしまうだろう。この辺りには、他にも歴史に名を残す人物の碑などが沢山あるが、その紹介はまたの機会にゆずるとしよう。

現在、この周辺にほとんど下町らしさは感じられないが、それでも下町に育った人間には、その空気が下町だと分かるのである。たとえば、まるで下町らしさを残していない今の築地、京橋辺りの裏道、蔵前、浅草橋辺りの横丁まで眼隠しをされ連れて行かれたとしても、なんとなくその空気を感じるのである。これを言葉にしろと言われても、できない。これって一体、なんだろう？

町の様子が、錦糸町駅に近いことを教えてくれる。今日は日曜日、場外馬券場からさまざまな思いを胸に抱いた人たちが吐き出されて行く。一方を見ると未練が残っているのか、あるいは成果を語り合っているのか、安酒屋の外には男たちがあふれている。一杯飲《や》るには丁度いい時間かとも思ったが、その雰囲気にどうも置いていかれそうで、横目で飲み屋を眺めて足早にその場から立ち去った。駅ビルのテルミナ、そして楽天地を通り越して、錦糸公園の前へ出た。墨田区が主催する〈すみだまつり〉のイベントがここで行われ、その司会を何年か務めたことがある。フォークにかげりが見え始め、仕事がなかった時代の頃で、イベントのギャラがありがたかったことを思い出す。

公園の中に立って、かつて北口の象徴的な建物だった精工舎の方向を見ると、東京都都市計画の一環で建った複合ショッピングモール『オリナス』の巨大なビルが、なんとなく違和感を持ってそびえている。それにしても、北口の変わりようといったら、往時のことを知っている人たちにとってみれば、眼を疑る光景であろう。勿論あたしもその一人である。かつての錦糸町のイメージが、まるで一掃されてしまった駅前を歩くあたしは、とまどいにも似た感覚でもってキョロキョロと辺りを眺めていた。しかし早晩、その違和感もなくなってしまうに違いない。

北口前の道を真っ直ぐ両国に向かって歩く。

あれは高校のときだったか、この近くにある錦糸小学校で「フォーク・ソングのつどい」があると人伝に聞いてやって来たところ、どうも雰囲気が違う。訊くと、「フォーク・ダンスのつどい」だというではないか。「一緒に踊りましょう」という女性の誘いを断って、ほうほうの体で逃げ帰ったことを思い出す。

やがて人もまばらになり、前方に堂々とした江戸東京博物館の建物が見えてくる。その反対側には国技館だ。緑道を歩いて国技館の前へ出る。今は大相撲の興行をやっていない時期。大相撲をやっていない国技館は、なんとなく威勢を欠かれたようで寂しげだ。

町に灯りが点り始める頃、再びあたしは柳橋の上にいた。なんとなく、暮れゆくこの町を見てみたかったのだ。柳橋のアーチの灯りが点き始めた。川に沿った道には料亭の飼い猫だったのが野良になったのか、やたら猫が行き来をしている。

——船宿の魚を狙っているのかい？ 残念ながら、今日はどの船も出ていないよ。

そのとき若い女性から、「錦糸町には、どうやって歩いて行けばいいのですか？」と、声をかけられた。

「歩くにはちょっとありますよ」と断った上で、あたしは道順を教えた。両国橋の方へ消えて行くそのうしろ姿を見ながら、「錦糸町まで歩くなんて、この雑誌の執筆に関係ある人かな？」などと、ありもしないことを考えていた。

さて、そろそろいい時間だ。浅草橋まで出て一杯飲ろうか……それとも、両国まで戻ろうか？

浅草……思い出すままに

今ちょうど、浅草を舞台にしたＴＢＳのドラマ、〈あんどーなつ〉の収録がクランクアップしたところである。その前にはやはり浅草が舞台の、ＮＨＫ連続テレビ小説〈こころ〉にも出演させていただいた。

〈こころ〉では船宿のオヤジ、〈あんどーなつ〉では古本屋のオヤジ役であったが、双方とも無骨な下町のオヤジという役どころであった。たぶん下町というと、なんとなく「なぎらだ」というような風潮での採用だと思われるが、ともあれ浅草付いている。

もっともこれは仕事上だけの話ではなく、多い時には週に三回ぐらいは浅草に足を向けている。何をしているのかというと、だいたいが写真を撮っているか、一杯飲《や》っているかのどちらかである。

カメラをぶら下げ、別に当てがあるわけでもなく、ただ闇雲に町の中をブラブラして、やがて陽が落ちる頃ともなると、飲み屋の客となっている。いやもっとも、陽が落ちなくとも飲み屋の客になっていることも多いが……。

しかし考えてみると、かなり以前から同じようなことをやっている。

さて、それはいつ頃からなのであろうか？　これが思い出せないのである。


70年代の前半《あたま》に撮った浅草の写真が残っているし、それ以前の六九年に初めて、『神谷バー』であの有名な電気ブランを飲ったのを覚えている。ちょっと待て、六九年と言えばおまえはまだ二十歳前じゃないか、ですって？　やめましょうや、野暮な詮索は……。

この時の思い出は鮮明である。電気ブランなる飲み物は父親から聞き及んで知っていた。

「口当たりはいいんだけども、腰に来るんだよ。当時はひとり二杯か三杯までと決められていてな。飲み終わると一旦外に出て、また入り口で食券を買いなおすんだよ。店の前に腰を取られて歩けないのがゴロゴロしていてな、それを見てなんて情けないヤツらだと思ったけど、その後、私も地下鉄の階段から転げ落ちちゃったんだよ」

何回か聞かされた父親の言葉に、電気ブランのグラスにえもいわれぬドキドキ感と、大人への憧れのようなものが重なっていたのを覚えている。

友達と一緒に客となり、一杯だったか二杯だったか、電気ブランを口にした。ほんのり甘みがあるその飲み物は、口当たりよくツ～ッと胃に落ちていった。帰りのバスの中、非常に心持がよくなり、やがて風景が回り始めた。春の天皇賞開催のその日、場外馬券場辺りには結構な人が出ていたのを覚えている。一着、二着を見事に当てた。もう、三十五年も前の話である。

それから何年か経った頃であろうか、やはり『神谷バー』で電気ブランを飲っていると、隣に座ったオヤジさんが、「おい、電気ブランのチェイサーが水かよ。電気ブランのチェイサーはビールって相場が決まっているんだよ」と、自分の前に置かれたビールを指差した。なるほど、この形が正統派かと思い、それ以来電気ブランのチェイサーはビールとなってしまった。今は女性や家族連れも見かける店内だが、あの頃は完全に男の世界であった。

高校の頃は、よく学校をサボって浅草をぶらついていた。その時は必ずといっていいほど、『稲村劇場』という見世物小屋の前に足を止めて、オドロオドロしい口上に聞き入っていた。平時変わらないこの口上は、やがて何回も聞いている内に頭に入ってしまった。うろ覚えだが、このヘビ女の口上は、今でも語ってみせることができる。

年中無休の見世物小屋であったが、夏の間だけはストリップ小屋となった。平素へビ女を演じるオネエさんが、夏の間はストリップ嬢に変身をした。ちらっと中をうかがうと、ストリップ姿のおばさん——いや、オネエさんが客のいない小屋の中に、ちんまりと座っていた。

稲村劇場は花やしき向かいの通りにあったが、80年代の終わり頃に取り壊されてしまい、今は駐車場になってしまっている。最後の頃は外波山文明氏が主宰の、『はみだし劇場』が芝居を打っていた。その関係で、たこ八郎さんがそこで寝泊りしていた。朝方バッタリ顔を合わせ、「どこへ行くの？」と訊いたら、「駅の便所でウンコ」と言っていたのをなぜか思い出す。

この世界に入って間もない70年代、まだ仕事がまばらであった。そんな時、よく浅草へ出かけた。そして三本立ての映画館に入った。六区の通りには怪しげな男たちがたむろしており、あたしの顔を見るなり声をかけてきた。

「アンちゃん、暇持て余しているんなら、仕事やらないか。どうだいダム工事なんてのは、いい金になるぞ」

「よせやい」

あたしはそう答えて言ってやりたかったが、そんな勇気はなかった。無視をした。さっき雷門の前で、「いい身体しているな〜。勿体ない、自衛隊に入らないか」と声をかけられたばかりである。

スクリーンに広がる　青い空
仕事もなく映画館の　中にいた
荒野の向こうにアメリカ
見ていたんだ
いつか俺もと野望を　抱いていた

夢か現実《うつつ》か分からぬ　そのままに
浅草の路地裏で　飲んだくれ
三本立ての映画館に
通っていたんだ
いつか俺もあいつに　なっていた

デュークによろしく言っておくれ
俺もまた酒ビンの中で生まれた
遠い国でカウボーイにもなれないで
ジョン・ウェインによろしく言っとくれ

手に汗握って　己を重ね
なぜだか知らねど　涙が流れ
スクリーンの向こうに　俺がいたんだ
いつか俺もと夕日に　背を向けて

夕暮れがやってくる　浅草の
ちどり足の見る夢　遠い夢
街のネオンの織り成す
影に浮かんだ
確かにデュークの姿が　見えていた

（デュークによろしく）

三本立ての映画をきっちり観ると、腰や尻が猛烈に痛くなった。当時の座席は、身体に優しくなどということを全く無視して作られていた。時間の経過とともにあっちこっちと尻の位置や足の位置を変えてみるのだが、それでも我慢できなくなり館内をあとにした。それ以来三本立ての中にお目当ての映画があれば、それだけは最後まで観ることができるようにと、時間の配分をして映画館に入るようになった。
映画館から出ると外は夕暮れを迎えていた。どこかで食事をしようか？　それとも一杯飲ったほうがいいか……。場外馬券場の裏辺り、通称ダービー通り（現・煮込み

韓国風
牛すじ煮
もつ煮込み
居酒屋
韓国風
牛すじ煮
樽生ホッピー
ホッピー 白生 黒生
お 酒
ビール
デンキブラン
チューハイ
ぼんじり 串焼
もつ焼
焼 鳥
煮物（各種）
韓国風 牛すじ煮
もつ煮込
味の 鈴芳

煮込み通りの鈴芳

通り）を歩いて行くと、あまりにも自然に足が飲み屋に吸い込まれて行った。今でもその店はある。『鈴芳』という店がそれである。お客相手に注文をこなしているオニイちゃんがまだ生まれる前の話である。

浅草の思い出を連ねていったら、それこそ切りがない。このあたりにしておこうか。

かつて東京有数の繁華街であった浅草は、この70年代あたりが一番活気を失っていた時期ではなかろうか。

映画にもなった、森村桂の旅行記〈天国にいちばん近い島〉をもじって「天国にいちばん近い町」と悪口を言ったのは誰あろう、浅草の住人であった。

気が付いたときには、浅草が当たり前の存在として自分の中にあった。浅草が何をもって惹きつけるのか分からない。混沌としており、雑然といかがわしさが同居する。しかしそこには必ず憧憬が付きまとうのである。何か東京の歓楽街が失ったものがまだ残っているのだ。いや、東京そのものが残っているのかもしれない。

昭和三十五年発行の〈オリンピックを迎える　首都東京の展望〉（政治経済情報社）という本の中に「江戸情報とロカビリーの同居する浅草。仲見世はその不思議な調和を見せてにぎわいます」という一節がある。ロカビリーという表現も時代的であるし、はたして仲見世にその調和があるかどうかは分からないが、言い得て妙な文章である。

今浅草は活気を取り戻しつつある。確実に訪れる人が増えている。浅草はどこか故郷に回帰するような存在なのかもしれない。それは懐かしさでもあるし、泥臭さでもある。現代人が失いかけている何かが、まだ魅力として残っている町なのであろう。それは回帰ではなくて、回避なのかもしれない。昭和の片鱗を見せてくれる町に、自分を回避させてくれる、それが浅草なのかもしれない。

浅草、今はなき『甘粕』にて

浅草居酒屋道

もう三十年以上も前のことなのだが、すでにあたしはこの世界に入っていた。しかし仕事の数は少なく、暇があると浅草に出かけては、三本立ての映画館に入り浸っているか、居酒屋で安酒をあおっていた。

そんな飲み屋で、必ず行き会うオヤジさんがいた。四十代か五十代か、そのときの自分の年齢からすれば相当上に見えたのだが、たぶん今の自分より若かったのではなかろうか。

そのオヤジさんは、黙ってカウンター席に座ると、無造作に何枚かのバラ銭を眼の前に置くのが常であった。何も注文しないのに、オヤジさんの眼の前にはお銚子が二本と、煮込み、鯨のベーコンが運ばれてくる。これもいつものことであった。

オヤジさんは飲み終わると、さっさと店を後にする。毎日同じ時間に現れ、同じ時間に帰って行く。その所作がたまらなく格好よかったのである。オヤジさんが帰った後、誰とはなしに「正しい酒の飲み方は、ああでなくっちゃ」と口にするのが耳に入ってきた。

その居酒屋は今でも健在であるが、あのオヤジさんと行き交うことはない。カウンターに座っていると、あの格好いい飲み方、正しい呑兵衛の姿が眼に思い浮かんでくる。いずれあたしも、ああした飲み方をしたいと常々思ってきた。しかし一度もあの格好いい飲み方が出来ないでいる。時間を無駄に飽かして、ウダウダ飲んでいるかと思えば、許容量はるかに越えて次の日、酒の復讐にあってしまうというような飲み方をしている。

カウンターにバラ銭で千円を置いて、「よっ格好いいなぁ」という声を背中に、「さんざん飲んできたんだから、最後ぐらいは……」などとつぶやいて家路に着く。そんな飲み方をしてみたいもんである。

あたし的都電案内

もし「都電荒川線をよく利用しますか?」と訊かれたら、「滅多に利用しません」と素直に答えるしかない。これまで荒川線に何回乗ったことがあるだろうか。そうは言っても十回、いや、二十回ぐらいはあるだろう。要するに荒川線を足代わりとして利用していないがため、何か特別なことでもない限り乗る機会がないのである。

そして今回この企画が持ち込まれたのだが、あたしは二つ返事でこの仕事を引き受けた。いや、実は渡りに船と、この仕事を引き受けた、と言ったほうが正解だろうか。というのも、昨年(二〇〇五)上梓した写真集『東京のこっちがわ』に続いて、今度は荒川線沿線を写真に撮って歩こうと思っていた矢先であった。その理由として、心のどこかで、「今の内にあの界隈の風景を撮っておかなくては駄目だぞ」という声がするのである。趣味で何年間も東京の風景を撮って歩き、その変貌が著しいのを知っているから、心がそう囁《ささや》くのであろう。

日曜の午後、あたしは荒川線の乗客となっていた。まずは勝手知ったる下町方面から乗車したほうが賢明であろうと、東京東側の〈三ノ輪橋〉から出発をした。

昔の都電を思い出そうとするのだが、往時の都電とはやはり様子が違う。雰囲気は、市井《しせい》のバスと代わり映えがしない。

やがて「ちんちん」と、出発の合図の音が耳に入った。

――この音だ、これが都電だよ。

おもむろに、眼前に昔の風景が浮かんできた。


かつては東京を縦横にはしっていた都電が消えて久しい。あたしはどちらかというと都電という呼称より、ちんちん電車という呼び方のほうが好きである。中には路面電車と呼ぶ人もいるが、路面電車と聞くとなんとなく地方都市をはしる電車が頭に浮かび、都電とは異質の物のような気がしてならない。

飲み屋などで仲間と往時を振り返るとき、都電の話はいいツマミになる。

「私は○番と×番の都電を乗り継いで高校に通っていました」と、いうようなことがきっかけとなり、他の人もそれにつられるようになり「○番の電車に乗って新宿に遊びに行きましたよ」と、嬉しそうに話をする。だがあたしは都電の話に参加できない。と言うのも、みんなのような思い出を持っていないからである。幼い頃、都電には何回も乗ったことがあるのだが、それはみんなの話の内容とはいささか違う。

あたしは中央区銀座に生まれ、小学校三年までそこで過ごした。銀座界隈にはいろいろな方面に出る都電がはしっていたが、都電を乗り継いで学校に通ったり、遊びに行ったりというにはまだ幼過ぎた。都電に乗る場合は、必ず親と一緒であった。またちょっと遠出をするときは、国電、地下鉄を利用するほうが便利で、そちらが優先された。

その後、葛飾区に移転するのだが、葛飾に都電はなかった。ここでも交通の便は、国電か私鉄であった。学校もずっと地元であり、自分の小遣いで都心に出かけるようになる年頃には、すでに都電は姿を消し始めていた。

やがて成人になり、葛飾区から江東区に移転したときには、都電は廃止を余儀なくされ、軌道はほんの一部にしか残っていなかった。しかるに、都電に乗った思い出が強くあるという人は、やはり自分が住んでいた土地に、また生活に、いかに都電が密着していたかどうかにかかわるわけである。

そんな中で鮮烈な思い出がある。あれは小学校一年生のときである。夏休みに田舎の親戚のところに遊びに行ったのはいいのだが、蚋《ぶよ》だかの毒虫に刺され、体中がボコボコに腫れ上がってしまった。末広町に薬湯があるというので、都電で母親と出かけた。そのとき車内の天井に、緑色の紐が前方と後方に渡って張られているのが眼に入った。紐の端には十センチ位の、ウィンナーのような赤い木の棒が下がっていた。その赤がやけに眼に焼きついている。それを車掌さんが引っ張ると、前方で「ちんちん」と音がした。それが運転手への「出発準備ＯＫ」の合図なのだろう、電車は動き始めた。あたしはなぜかその赤い棒が気になり、じっとそれを眺めていた記憶がある。


荒川線の車中、その記憶が蘇ってきた。

——なんだか、ちんちん電車然としてきたぞ……さて、まずはどこへ行ってみる？

今まで沿線で降車して、その界隈を歩くことがほとんどなかったあたしは、思案しながら車窓からの風景を眺めていた。

——こうなりゃなんとなく気の向いたところで降車して、あるいは勘に任せて歩きながら写真を撮ってみようか。

ふと車内にある路線図に眼をやると、〈荒川遊園地前〉の文字が飛び込んできた。

——まずはこの、〈荒川遊園地前〉で降りてみるか。

『あらかわ遊園』は大正十一年開園。戦時中は高射砲陣地になったとある。遊園地といっても、昨今のアミューズメント施設とは違って、大仰な遊園地ではない。あっという間に園内を一周できてしまう。

以前TV番組のロケでやって来たときは、平日だったので人はほとんどいなかったが、今日は日曜ということで、家族連れで賑わっている。

——ああ～本当にあっという間に園内を一周し終わってしまった。

——えっ、本当にそんなに簡単に園内を一周できるのかですって？　はい、その通りです。

あまりシャッターを押したくなるような被写体は落ちていない。

——ここで粘っても仕方ないか、次へ行くとしよう。

しかし今回園内に釣堀や、ポニーの乗り場があることを知って、へぇ～と妙な感心をしてしまった。

荒川遊園地近くの酒販店

——ウチの息子が小さいとき連れて来てやればよかった……今連れてきても成人してしまっているからなぁ。違った意味でぐずると思うし……。

次は〈庚申塚〉で降りてみるか。

——なんと凄い人だろう。そうか、今日は高岩寺、つまりとげぬき地蔵尊の縁日ということかい……それにしても「おばあちゃんの原宿」とはよく言ったもので、本当に原宿の竹下通りの混雑ぶりと張り合うほどである。でも、この町のほうが魅力的だな。なんだか竹下通りは都会の香りをさせながら、実は田舎の臭いがする。ここは田舎の香りをさせながら、ズバリ田舎っぽい。正直なほうがいいですよ。それにしても至る所に被写体が転がっていますなぁ、結構結構。

人波を縫ってやっと高岩寺に辿り着くと、深川不動尊で見かける、露店の八ツ目うなぎ屋さんを発見。声をかけると、八ツ目うなぎを奢ってくれました。

——ありがたいなぁ、八ツ目うなぎ屋さんが好きになりそう……いや、この町が好きになりそう。それにしても、この町は被写体の宝庫という意味でも侮れませんよ。また日を改めて、縁日のときにカメラをぶら下げてやって来ようっと。さて次はどうする？　各駅、全部降りてみるわけにもいかないし……〈鬼子母神前〉まで行ってみるか。

雑司が谷にある鬼子母神界隈はなんとなく好きで、去年（二〇〇五）も写真を撮りに来た。しかし駅前であたしは愕然とさせられた。踏切脇にあった鶏肉専門店『豊島屋』が忽然と消えてなくなってしまっているではないか。末枯れた、いい佇まいのお店だったのに。今は工事中で、貼り紙には移転先の場所が書かれている。本当にいい感じの店だったのに、しかしこれはあたしの我がままである。店側は新しい店舗で商売をしたいに決まっている。

鬼子母神法明寺の境内には、これまたいい構えの、昔ながらの駄菓子屋さんがある。駄菓子屋のおばちゃんは野良猫を可愛がることで有名な人物で――あれっ、おばちゃんの姿がない。代わりにおじさんが店番をしている。おばちゃん、どうしたんだ？余程おじさんに訊こうと思ったのだがやめた。もし嫌な情報なら、訊かないほうがいい。

――でも、その後、元気なことがわかって安心しました。

境内で一服すると腹ごしらえと、駅へ戻る途中にある、うっそうとした並木の木漏れ日が射す中華屋で、チャーハンを腹に入れる。この側《そば》の『並木ハウス』に、若き頃の手塚治虫が住んでいたという。立派な欅を見上げると哀れにも、どの木も太い枝が途中で切られている。欅も住みにくくなったもんだと、嘆いていることに違いない。

——さて、〈早稲田〉まで出てみるか？　いや、あまり期待できそうにもない。歩いて〈大塚駅前〉まで戻ってみよう。

鬼子母神から雑司が谷まで歩いていると、急に眼の前が開けた。どうしたことだ。そうかこの辺りも都市開発で、何やらデカイ物が建つのであろう。それで更地になっているのか。ポツリと残っている昔ながらの蔵が寂しそうであった。

〈向原〉から〈大塚駅前〉に出る線路の脇には、多くのバラが植えられている。そう言えば車窓から見ていると、線路脇の各所に見事にバラが咲いていた。よし、これをカメラに押さえておこう。

荒川線が往時の都電というより、なんとなく郊外電車の感が強くなってしまっている中、〈飛鳥山〉から〈王子駅前〉の間は道路の真ん中を堂々とはしり、最も都電の風情を残してくれている場所である。

——次は〈宮ノ前〉で降りてみよう。

そういえば五年ほど前、この辺りを歩いていたら、ふいにおじさんに「ヒトシちゃんは元気かい」と声をかけられた。

ヒトシちゃんって？　こちらが解せない顔をしていると、「小室等だよ」と言葉をつないだ。なんでも子供の頃小室さんはこの辺りに住んでおり、声をかけてきたおじさんは小室さんの幼馴染だという。小室さん、数少ない東京生まれのフォーク・シンガーのひとりである。

闇雲に歩いていると、以前写真に収めたことのある『関精肉店』の前に出た。そうか、今はもう閉めてしまったのか。この『関精肉店』もいい構えですよ。でも、今度この辺りを訪れたときには、この建物も消えてなくなっているかもしれない。

町屋までひたすら歩く。路を折れると、昔ちょっとの間住んでいたアパートの近くに出た。あまりの変わりように、アパートの場所すらわからない。路地から路地を行くと、下町の風情が感じられる場所が多く残っている。しかし心に留めておかないと、この辺りもすぐに変わってしまう。

〈町屋駅前〉に行商のおばさんを発見。多分千葉辺りからやって来ているのだろう。こうしたおばさんも最近は本当に見掛けなくなってしまった。

町屋二丁目付近

――よしこうなったら、〈三ノ輪橋〉まで歩いてみるか。

〈荒川区役所前〉付近で、突然「なぎらさん」と声をかけられた。振り返ると、いつもライブに来てくれる方である。「ここが実家なんですよ」と、後方の建物を指差す。へぇ～こんな出会いもあるんですね。

ジョイフル三ノ輪商店街の裏道を歩く。

――この辺りも、なんとなく人情の町って感じがしていいなぁ～。被写体を見つけて、思わずパチリ。間もなく〈三ノ輪橋〉だ。

今回は沿線を間引いて歩いた。だから本当にさわりの部分しか紹介していない。だが、これでいい。自分に対しても、みなさんに対しても、白紙の部分を多くしておかなきゃいけない。後は、みなさん自身でその白い部分を埋めるというのも、一興かと思っています。この沿線には、現代人が忘れてしまった何かがある。それを心に写しておくために、もう少し歩いてみよう。みなさん今度は、沿線で会いましょう。

懐かしい何かを感じさせる町――都電荒川線

かつて東京の町を縦横にはしっていた都電も、今は都電荒川線ひとつだけになってしまった。

「あれは往時の都電とは違うものだ」と、どこかで読んだことがあるが、あたしも同感である。荒川線は確かに都電ではあるが、往時のちんちん電車とはやはり異なるものであろう。

その荒川線だが、路線のどの場所を考えても自分の住んでいるエリアからは離れているもので、足代わりに利用することはまずなかった。たまに乗ることがあったとしても、どちらかというと沿線をレポートするというような、仕事がらみの場合がほとんどであった。

一昨年（二〇〇六）の春、某誌で都電特集をやるから、沿線の好きなポイントで写真を撮ってくれないか、との依頼が舞い込んだ。好きなポイントと言われても、さほど沿線に詳しいわけではない。分かりました、と承諾して写真を撮りに出かけたのは、あらかわ遊園、とげぬき地蔵、鬼子母神とピンポイントで選んだ場所でしかなかった。そのとき、鬼子母神の境内にいって思っていた。

――ここは下町とは全く違うエリアなのに、なんとなく下町の香りがする。

心のどこかを刺激する、既視感のような懐かしい何かがあったのだ。同時に、自分が都電荒川線沿線の町を全く知らないことに気が付いた。これは沿線を写真に納めなきゃいけない。

それが引き鉄となり、二〇〇六年に写真集〈町のうしろ姿〉という一冊になった。

夏、撮影を開始した。しかし荒川線は不思議な路線である。不思議と言えば大仰だが、荒川区、北区、豊島区、そして新宿区北側の端、要するに下町、山の手、ギリギリのラインをつないでいる。その未知な土地を見て歩くことがまず楽しみであった。

その夏は天気が不安定であり、撮影に出かけると雨。雨だから今日はやめようとあきらめると、途端に晴れたりするというそんな天候の日が多かった。それでもその合間を縫って都合十八日、三千枚以上の写真を撮った。

夏の撮影はドンドン体力が消耗されていくのが分かる。帽子のツバから汗が滴り落ち、シャツやジーンズが汗で身体にへばりつく。これでは捌《さば》きが悪いと、短パンにアロハという軽装で出かけるようになった。しかしその姿をショーウィンドウに映してみて驚いた。短パンを穿《は》いて、一眼レフのカメラを二台下げ、カバンをたすきがけにした、汗まみれのオヤジがそこにいた。どう考えても尋常な姿ではない。狭い路地などを撮影していて、よく通報されなかったものだと感心する。

中には「なぎらさんですよね？」などと声をかけてくる人もいたが、そんな格好で歩くあたしを芸能人のなぎら健壱と一緒にされてはマズイとばかりに、足早にその場所を離れた。

都電に乗っては歩き、歩いてはまた都電に乗るということを繰り返した。いよいよ疲れてヘトヘトになると、公園のベンチに腰を下ろし、冷たい物を口にする。子供たちを遊ばせているお母さん方が、胡散臭そうな眼でこちらを見ている。余程ビールかとも思ったが、ビールを飲めばその後身体がだるくなることは必至。一層暑さが応えるようになる。陽が落ちるまで辛抱だ……。それを心に、「よ〜し」と発奮して腰を上げる。

都電の駅を一つ一つ歩き、被写体を探す。しかし被写体に全く巡り合わない場所もあった。同じ駅に何回降り立っても、一枚も撮ることができないのだ。たとえシャッターを切ったとしても、後からその写真を見ると面白くもなんともない。そんな場所はなるべく線路から離れるようにして歩いた。

曲がりくねった道を闇雲に歩いて行くと、かなり線路から外れてしまっていることを知らされることもあった。線路沿いに戻ろうとするのだが、元来た道を引き返すのではつまらないと、線路方向にあたりをつけてクネクネした道をさらに歩く。結局たいした被写体に出会うこともできず、やっと辿り着いた都電の駅から再び電車に乗って移動する。だが誤解がないようにこれだけは言っておくが、身体は辛いが荒川線沿線の町は歩いていて面白い。繁華街でも歓楽街でもないのだが、人の生活、息吹が身近に感じられる町が連なっているのである。

もっとも、繁華街でも歓楽街でもないからして、それを顕著に感じられるのかもしれない。これは、町歩きが好きだから、ということも大きいのだろうが。

クーラーの利いた車内は天国である。汗まみれで座席に座るのはちょっと気が引けるが、それよりも座りたいことのほうが勝ってしまう。やがて、目星をつけた駅で降車する。ボワァとした外気がまるで襲うように身体を包む。

そんなことを何日かやっていると、面白いことに気が付いた。一度歩いた道に遭遇すると、必ず以前歩いたことがあると分かるのである。どんなに狭い道であっても、たとえ目隠しをされて連れて来られたとしても、一度通ったことがある道ならば、チラッと見ただけでどこだか分かる。これはカメラを構えて、町を観察しているからに他ならないと思う。

そんな行程の中で、下町らしいというか、往時の東京を彷彿させてくれる町はやはり荒川辺である。しかし思いがけなかったことなのだが、〈学習院下〉の高田三丁目辺り、〈早稲田〉の高田一丁目辺りにかなり古い東京が残っている。ホッとする懐かしい風景なのである。全くそうしたことを意に介していなかったもので、これにはちょっと驚かされてしまった。逆に言うと、こうした町並みがあるということは、都市開発に絶好だと思わなければならない。

ようやく長い夏の陽が落ちる頃、ふたたび都電の客になっている。あたしはこの時間の都電が一番苦手である。というのも、都電が一番混む時間帯なのである。買い物客、通勤通学の人間で一杯になり、都電のイメージが一変する。なんとなくのんびりとしたイメージの都電が、いや、ちんちん電車が、途端に足代わりとしての、のんびりとはかけ離れた乗り物になってしまう。その時間、車窓の風景を眺めたり、ガタ〜ン、ゴト〜ンというあの独特の音を耳にするという行為も忘れてしまう。この感覚、分かっていただけるだろうか。

歩いていて、沿線にかなりいい構えをした飲み屋を何軒か発見した。日中であるからして、当然まだ開店はしていない。その店を夕方になる頃、必ず思い出す。

そういえば王子の駅前を飛鳥山の方に歩くと、そこにさくら新道という飲食街がある。早晩なくなってしまうだろうと懸念されるその飲み屋街は、まるで昭和三十年代にタイムスリップしてしまったかのような錯覚を受ける、素敵な一角である。

五時頃であっただろうか、あたしは看板に灯が点るのを待っていた――これは一杯飲《や》るためではなく、その光景を写真に押さえたかったから――ところが後ろは直ぐ飛

飛鳥山下のさくら新道

鳥山。とにかく蚊が物凄い。またあたしは蚊が好むというO型の血液で、しかも酒飲みときている。あっという間に足は蚊に刺され、膨れ上がっていく。叩いても叩いても、蚊のヤツは減るどころか増える一方である。そこを我慢と、三十分ぐらい居ただろうか。待っていた灯りが点りはじめた頃、我慢は限度を超えて、さくら新道を後にした。よ～し、必ず近い内に来てやるぞ、と思ったのだが、未だその飲食店街に足を運んでいない。中にはその末枯れ方からして、既になくなってしまった店もあるかもしれない。

町屋にもいい飲み屋がたくさんあった。しかしあたしはこの界隈の飲み屋に一見で入る勇気はない。ひとりで入ったりしたら、格好の餌食になることは間違いない。しかも前述の通り、なんともオツな格好をしているときている。

やっと陽が落ちた。〈東池袋四丁目〉で都電を降りると、帰途に着きやすい池袋まで歩いて人世横丁の飲み屋に入る。それが以前書いた「最近池袋によく通っている」ということにつながるのである。

冷えたビールを流し込む。胃袋の喜ぶことといったらない。都電に乗っている自分や、今日歩いた行程をボ～ッと考えている。写真を撮っている時より、こうして一日を思い描いている時の方が楽しいのはなぜだろう。

——よ〜し、明日は〈梶原〉辺りに撮影に出かけるか……。

次の日、「なんで今年の夏は……」とため息をついて、都電の中から急に激しく降り出した雨を眺めているのである。

町屋駅前

昭和三十年代東京――小遣いが欲しかったあの頃

昭和三十年代がひそかなブームになっているという。拙著に〈下町小僧　東京　昭和30年〉（ちくま文庫）という一冊があるからと思われるが、このところ昭和三十年代に関するインタビューや文章を求められることが多い。またそのブームに欧米人までもが関心を示すのか、英字新聞からも文章を頼まれもした。

昭和三十年代、まさにあたしが少年時代を過ごした懐かしい頃である。勿論それは、同世代の誰しもが憧憬の念を抱く時代であろう。ところがリアルタイムでその時代を過ごすことのなかった若者たちの間でも、その時代に対しての憧れが広がっているという。昨今、往時のインテリアを取り入れた飲み屋、アミューズメント施設等が増えていることを考えても、それが充分うかがえる。しかし時代の中で育った我々世代と、憧れの域を脱し得ない若者たちの間とでは、やはり心をくすぐるものが違っていて当然である。

昭和三十一年の経済白書では「もはや戦後ではない」と明記され、戦後は遠退《とおの》き、世には神武景気という好況が訪れていた。しかしまだまだ庶民の生活は決して裕福とは言い難く、暮らしには窮していた。要するに、それ以前の暮らしと比べるといくらか生活が潤ってきてはいたが、余裕という言葉には行き着いていなかった時代なのである。そう、まだまだ庶民は貧乏であった。財布に余裕がなければ、衣食住以外のことで贅沢することは、はなはだ難しい時代であった。その最たるものが、親たちの考える衣食住に反するところに存在する、子供たちの小遣いであったとも言える。

あたしの例を出すと、小学校高学年になるまでは、一日十円の小遣いであった。この十円という小遣いが長い間続いた。その十円を握り締めて行き着くのは、駄菓子屋であったが、駄菓子屋ではほとんどの品物が五円だった。駄菓子も、クジも、アイスキャンディーも、メンコもベーゴマも一律五円（五円以外の物もありましたよ）であった。ということは二品買えば、もう小遣いはなくなってしまうということである。勢いづいて一度に十円を使ってしまうと、他の子供たちが駄菓子などを口にしている姿を見て、辛い思いをさせられた。

1972年、江東区洲崎、ポン菓子屋

1972年、江東区洲崎、紙芝居屋

しかも、小遣いを使う場所は駄菓子屋だけとは限らない。貸本屋もあれば、物売りもやって来る。紙芝居屋が現れる夕方まで小遣いを使わないで取っておくなど、至難の業であった。紙芝居屋で何も買えない子供たちは、紙芝居屋の周りに集まっている子供たちの群から外れ、傍観しているしか術がなかった。

その頃あたしは学習塾に通っていたのだが、休憩時間にみんなは近所のお菓子屋でセンベイなどを買うのが通例のようになっていた。しかし十円をすでに使ってしまっていたあたしは、「なぜ小遣いを取っておかなかったのだろう」と悔やまれるも、ひとり輪の外に置かれていた。それがひどく切なく、泣いて家に帰ったこともあった。

そうした時代の中、遊び道具など買う余裕はあろうはずがない。オモチャなどは「お出かけ」と称した、家族の一大イベントのとき以外には、まず買ってもらえることはなかった。

だから子供たちは遊びを工夫した。お金のかからない遊びを考え出した。原っぱ（空き地）があれば落とし穴を作ったり、忍者ゴッコをしたり、また川や池では小魚やザリガニ（下町ではエビガニといった）を獲ったりした。別に原っぱなどなくとも、たとえ相手がアスファルトであっても、ロウセキで絵を描いたり、石蹴りという遊びなどがあった。遊ぶ道具がなければ、それに代わるものを考え出した。鉛筆のキャップにナイフで細かく削ったセルロイド片を詰めてロケットを作ったり、ボルトとナットの間に紙火薬を挟んで、空中に投げてそれが地面に落ちるとバンッという大きな音をたてる爆弾（？）を作ったりもした。一斗カンのフタを叩いて平らにして手裏剣を作ったり、五寸釘を線路に置いて電車に轢かせてナイフを作ったりもした。

まあ、当時の遊びを羅列していったらそれこそ枚挙にいとまがないのでやめるが、要するに子供たちには順応性が備わっていたのである。眼の前にある全ての物を利用する技量があったと言ってもいい。

今の大人たちは時としてそうした自分たちの子供時代の遊びを提唱し、ある意味で強要することがある。それは悪いことではないが、多少問題があるのではなかろうか。「今の子供たちは遊ぶ場所がないから可哀想だ」とか「外で遊ばなくなってしまった」、あるいは「金で買えるものに頼って、自分で物を作ることをしなくなってしまった」という声をよく耳にする。これはどう考えてもおかしい。前述のように、子供たちには順応性がある。土がコンクリートやアスファルトに変わってしまっても、彼

2004年8月19日、雑司が谷、駄菓子屋

らはそれなりの遊びを工夫している。大人たちは自分たちの時代の環境と違うから、それが見えなくなってしまっているのだろう。他の言い方をすれば自分たちの時代、原っぱや田畑を走り回ったりしたことが楽しかったから、という思い出が勝ってしまっているからに過ぎない。外で遊ばないというのは、自分たちが原っぱや田畑で遊んだということに、今をオーバーラップさせようとしているだけなのである。

実際そうした環境ではない現実がある限り、今そうしたことをやろうとしても、所詮それは無理なことであろう。当然、当時の環境のほうがアウトドア遊びに多くのヴァリエーションを生んだことだろうし、面白かったに違いない。しかし現代の大人は子供の順応性を知らず、コンクリート上での遊びを端から面白くないと、決め付けているだけなのである。

では訊こう、自分たちの時代にもしテレビゲームがあったら、やらなかったのか？否、あんなに面白いものがあったら、飛びつかないはずがない。時代は動いている、しかるに、あの当時の遊びが面白かったのである。

リアルタイムの遊びを提唱し、また手作りの遊びを強要することに疑問を感じるのはそこである。その当時の子供たちは何もない時代だったからこそ、〝無〟から〝有〟

を生み出していったので、今の子供たちは、物が溢れている今しか知らないがため、なかなかそれに夢中にはなれないと思わざるを得ない。さすがに子供たちも珍しいから一時熱くはなるが、往時を思い出す大人たちのようには熱くなれない。

子供は、場所や物さえあればそれで出来ることを考え出し、全部遊びに転化できたのである。背丈以上もある雑草が生い茂っていれば隠れ家を作り、廃工場などがあれば、また格好の探検場所となったのである。これは今も昔も変わりはない。

しかし人の手が入っていない場所で遊ぶことは、ある意味で危険を伴う。しかし子供は危険などと思ってはいない。危険だからこそワクワクするのであって、大人がまじめ顔で推進するものに流行《はや》るものなどないのである。

その最たるものが、メンコ、ビー玉、ベーゴマ等ではなかろうか。少し前になるが、ベイブレードなるものが流行り、ベーゴマの現代版ですねなどと言われた。確かに現代版ではあるが、ベーゴマとは大きな違いがある。ベイブレードはゲームであるが、ベーゴマはギャンブルなのである。メンコ、ビー玉もしかり、そうした遊びは遊びの枠を超えた博打であった。

ベーゴマは一個五円、メンコは一枚もしくは二枚が五円、ビー玉も一個が一円であった。それが賭けの対象になるのである。負ければ全部、相手の物となってしまうのである。

一日十円の小遣いでそれを買っていざ勝負に挑み、おいそれと負けるわけにはいかない。よってベーゴマを地面でこすり、芯を出し、角を鋭角にしてシンショウガンなる、強い自分だけのベーゴマを作り上げた。それが情けないことに、あっという間に負けてしまう。その時の悔しさ、悲しさ、無力感を察していただきたい。しかしこの痛みは重要である。そこには立ち上がり、向上心を持たなければいけないという自分があった（そんなに大仰でもないが）。またしかし、そうしたギャンブルに卓越した才能がある子供というのは、勉強のほうは今ひとつであった。

昨今PTAだかなんだか知らないが、そうしたことに目くじらをたてる大人がいる。

「人の大切な物を取ってはいけない。お前も取られたら悔しいだろう」

〝取る〟と〝盗る〟を履き違えているとしか考えられない。子供たちは悔しいから己を向上させようとするのである。そんな馬鹿げたことを言うから、痛みを知らない子

すべてなぎらオリジナルベーゴマ！

供たちが出来上がるのだ。

　また何を履き違えたか、「そんなことをやっていると、勉強できなくなっちゃうよ」と言う人間までいる。挙句の果て、勉強は出来ないし、子供たちの羨望の的にもなれない落ちこぼれが出来上がるというのでは、そこには何も残るものがないのではなかろうか。

　誤解をさけるために言っておくが、あたしは、当時の遊びを今の子供に伝えることを真っ向から否定しているわけではない。アナログを教えておかないと、やがてデジタルに復讐される日が来ると知っている。何もなかった時代、工夫をして遊んだ子供たちがいることを知っておいてもらわないと、困るからである。

　今の子供たちが大人になった時、子供たちに「お父さんたちが子供の頃夢中になったテレビゲームを教えてやるぞ」などということを言っていただきたくない。テレビゲームは何年経っても、所詮今のテレビゲームの延長線上にあるからに過ぎない。要するに、我々の時代の遊びと、今の子供たちの遊びは別物なのである。

　本当にもしお父さんたちが、「テレビゲームを教えてやるぞ」と言うようになったら、空恐ろしい。その時は曲りなりにでも、あたしたちが子供の頃夢中になった遊びを伝承してもらいたい。自分たちの時代への羨望や憧憬を強要する必要ないが、やっぱり子供たちに往時の遊びを知っておいてもらわないと困るのである。

負けろ、負けて痛みを知れ。そうすれば、マネーゲームにうつつを抜かすような人間は出来なかったはずである。

東京オリンピックの頃のあたし

　銀座に住んでいた小学校二年の頃、近所に流れていた築地川が埋め立てられ始めた。もっとも、その工事がなんのために行われているのかは知るよしもなかった。

　水を堰き止めるための杭が打たれ、やがて水が抜かれ、船で暮らす水上生活者は一掃された。水がなくなってしばらくすると、そこに干上がった湖底よろしく、ひび割れた川底が姿を現した。

　当時都心を流れる川は隅田川をはじめ、まず例外なく強烈な悪臭を放っていた。メタンガスがポツポツとわく様は、あたかも雨粒を受けた水面のような按配であった。

　水が抜かれた川も、まだひどい臭いがしていたが、それに慣れっこになっていた地元の子供たちは、川底に下りてそこを遊び場にしていた。乾いているのは表面だけなのか、ひび割れた川底は力強く歩くと大きく波を打つように揺れた。

それがオリンピックのために、首都高速を羽田からつなげる準備だと知ったのがいつ頃なのか記憶にない。オリンピックが開催されるまでには、まだ四年の歳月があり、到底実感もわくはずがなかった。

しかしその頃を境にして、街が変わっていく様が、徐々に眼に入ってはきていた。都心のいたるところで工事が始まり、やがて「東京オリンピックを成功させよう」などという看板が張り出された。東京でオリンピックが開催されるということが実感できたのは、その頃ではなかろうか。しかし、オリンピック自体がどのように凄いイベントなのか、それをリアルに捉える感覚は、まだなかった。

小学校三年の時、葛飾に転居をした。都心の銀座とは違い、田舎であった葛飾では、オリンピックの開催などまるで遠い国のことのように扱われていた。「東京オリンピックを成功させよう」などという看板は皆無で、子供たちの間でもオリンピックは話題にすら上らなかった。

しいて言うなら、家の前にあったゴミ箱が役目を失い、ポリバケツにゴミを入れて出すようになったことが、唯一オリンピックを身近に感じさせる出来事だったのではなかろうか。

しかるに葛飾の土地において、オリンピックが開催される昭和三十九年まで、オリンピックの準備が進んでいく東京を如実に感じることはなかったように思われる。もっとも、まだ子供だったため、オリンピックに向かう日本の姿などは、自分の範疇になかったからなのかもしれない。

それでも、たまに父親の仕事の関係で、銀座などに出かけることがあると、街全体の様子から、オリンピックが日増しに近付いていることが感じられた。都心は確実に、オリンピックに向かって変わった顔を見せ始めていた。

現実感をともなってオリンピックをとらえることができるようになったのは、テレビ番組などで、オリンピックに準じた番組が相当量を占めるようになったからではなかろうか。または、大人たちの口から何かにつけオリンピックの話題が出るようになったからであろう。

やがて昭和三十九年十月十日、東京オリンピックは幕を開けた。

開会の日、それこそ日本の国民はテレビの前に釘付けになった。そして興奮した。

これを見て、「凄いイベントが始まったんだ」と、ここへきてはじめて実感できた人も多かったのではなかろうか。

余談だが、都内の小学校各校に、何枚かの入場チケットが割り当てられた。全学年が参加出来るほどの数はなく、我が小学校では抽選で当たった、六年生の三十人ぐらいだかが見学に行けた。あたしも運よくその中に入ることが出来た。葛飾からどのようなルートで国立競技場まで行ったのかは全く記憶にない。

国立競技場で行われていた種目は、男子トラック競技だかの予選であった。会場はガラガラで、他にどこかの学校がやはり見学に来ていた。テレビで観るように解説があるでもなく、場内アナウンスもなく、オリンピックという一大イベントの様相は全く感じられなかった。ただひたすら選手が走っているのを遠目で観ているだけで、面白くもなんともなかった。

三十分くらいは観ていただろうか、時間の経過はあっても、トラックを走る選手たちに特別な変化があるわけでもなかった。

先生が「そろそろ帰ろうか」と言い出して、競技場を後にした。青山墓地まで歩き、そこでお弁当を広げた。これで、あっさり我が校のオリンピック観戦は終わってしまったのである。

まあ、自分の中での東京オリンピックはどうとあれ、十月十日からの十五日の間は、日本中が沸きに沸いた。国民はテレビの前に釘付けになり、老若男女全てが日本選手の頑張りに拍手を送り、興奮した。

とにかく十五日間はオリンピック一色であったことには間違いない。


二十四日の閉会式をもって、東京オリンピックは幕を閉じた。

オリンピックが終わってしまったことに脱力感のようなものを覚え、日本国民は平素の生活に戻って行った。

だがそこに、東京という街が疵《きず》つくという後遺症が残った。かつての東京は無残な姿になったという後遺症が……。

しかし国民はしばらくの間それに気がつかなかった。いや、気がついていたのかもしれないが、オリンピックの重さに比べればなんてことはない、と高をくくっていたのかもしれない。あるいは、オリンピックというお祭り騒ぎが、眩惑をさせていたのかもしれない。

確かにオリンピックという一大イベントに向けて、突貫工事で東京は世界の先端都市となり、オリンピックに似合う街に——いや、オリンピックに外国からのお客さんを招聘するにおいて、恥ずかしくない街になった。いや、これも違う。看板建築よろしく、正面から見れば立派だが、その実、裏へ回ればそれまでとなんら変わらない東京がそこに存在していたのである。上っ面だけきれいなペンキで塗り替えてしまったのである。しかしそのペンキは色褪せはするが、自然に剝げ落ちることはなく、その後何十年たってもオリンピック色のまま存在した。

たとえば渋谷川のように、「汚い。とてもお客さんに見せられるものではない」と、川をきれいにすることより、当面の見栄えだけを考えてそこにフタをして、暗渠にしてしまった。しかしその後フタを外して、川をきれいにする作業は行われず現在に至っている。そんなことが東京のいたるところで行われた。

女性の勤め人をかつては、ＢＧ（ビジネスガール）と呼んだことを覚えている人も多いだろう。それをＯＬ（オフィス・レディ）というふうに呼びかたを替えた。要するにＢＧはバー・ガール、水商売の女や娼婦に通じるから、というのがその理由であった。そこでＯＬに取って代わられた。和製英語であるＢＧは戦後直ぐに使われ始め、馴染みのある言葉であった。BGはOLと名を変えても、勤め人に変わりはない。それを体裁だけで呼び名を変えた。テイサイだけなのである。

東京オリンピックを境に、確かに東京は大都市にふさわしい顔を持ったかのようであったが、実は体裁だけでもって、とんでもない街になってしまったのである。そのデタラメさは明らかに人災である。

水の都だった東京の中心を流れていた楓川、京橋川、汐留川は全て埋め立てられて、二十五%の水面積を失った。また日本橋川には百五十本もの杭が打たれ、日本の象徴である日本橋の上に高速道路をはしらせた。その高速道路も、当時の〝今〟に合わせて突貫工事で造ったもので、すぐに高速の機能を失うことになる。

土地がなかったから、川を上手く利用した。しかし日本橋があのような惨めな状態になるのに対し、なぜ誰も異を唱えなかったのだろうか。前述のように、オリンピックというお祭り騒ぎが、眩惑をさせていたのだろうか。あるいは誰も気がつかない内の行動だったのか。

東京の変わり様など、どうでもよかったのだろう。どうでもいいと判断された東京は、その後益々どうでもいい街になっていってしまった。

東京オリンピック、あの十五日間は一体なんだったんだろうか。東京オリンピックを機に、日本は目覚しい発展を遂げた。もしあのオリンピックがなければ、発展はもう少し遅れたかもしれない。そうした利点も多くある。しかし十五日間を引き換えに、東京は大きく変わった。そして、大きな物を失った。

第二章　今の町を歩く——江戸探し行脚

日本橋から品川へ

こりゃ〜困った。特集テーマが、「東京で江戸を発見する」ということである。実はかつて、〈東京の江戸を遊ぶ〉（ちくま文庫）という一冊を上梓したことがある。その中で自分なりに、現在の東京と江戸をオーバーラップさせた。また〈ぼくらは下町探険隊〉（同）でも、そうしたことに触れている。どうしよう、何を書いていいのか思い当たらないのである。

しかしその二冊だけでは、到底江戸を語れてなどいない。東京には江戸の香りがまだ多く残っている。いかんせん、江戸時代は二百六十五年も続いたんですからね。その歴史を重んじるがゆえ、東京のいたるところに江戸からの建造物や史跡等が残っている。たとえ震災や戦災で損失したとしても、多くの物は修復されたり、復興されたりした。これはやはり有形な物の消失と共に、歴史を埋没させてはならないという意義があったからと思われる。

さあ〜て、一体何を書こうか……苦肉の策で、おっと違う、画期的なことを考え付いた。日本橋から、五街道の江戸四宿のどれかを歩いてみよう、ということ。日本橋に最も近い宿場（継立駅《つぎたてえき》）を四宿と呼ぶが、その四宿とは、東海道の品川宿、甲州街道の内藤新宿、中山道は板橋宿、日光街道、奥州街道は千住宿のこと。さて、どの街道を選びますかな。一番距離がなさそうなのが品川か？　では江戸時代を偲んで、日本橋から品川宿まで歩いてみますか。

ということで十三時十分、お江戸日本橋をいざ出発。お供がいないので、カメラを自分に向けて記念撮影して、まずは中央通りを銀座へと向かう。今日は土曜日なので、京橋からは歩行者天国になっている。ここまで十五分。あらら、急に曇ってきましたよ。雨になりなさんなよ、雨の中の行軍は嫌ですからね。

あたしゃのんびり、昼過ぎに日本橋を発ちましたが、一体江戸時代の旅人は何時頃出かけたんでしょうか？　夜明けと共に旅立つというのが習いだったと聞きますが、まずは品川の宿に一泊すると聞いたこともある。幾らなんでも品川までだったら、二、

いざ日本橋を出発

三時間も歩けば到着するはず。それならば夜明けと共には、いささか早過ぎる。じゃあ、なぜそんなに早く？

つまりこれはなんですよ、落語などにもあるように、とにかく江戸時代は富士講、お伊勢詣、大山詣、江ノ島詣、成田詣、秩父三十四ケ所巡礼等々、信仰に対して大変熱心だった。なんにしろ、信仰がブームになったほどですもん。ところが男連中はそれにかこつけて、まずは出がけの駄賃とばかりに、品川の岡場所で遊んだんですよ、多分。

岡場所とは、吉原の公認遊廓とは違って、非公認の飯盛り女と称する遊女を置いた所。岡場所の多くは門前町に発達するが、門前町は寺社奉行の管轄であるがため、非公認の売春を取り締る町奉行の目が届かなかったんですな。吉原よりも手軽に、しかも安く遊べるということも手伝って、かなり人気があったんですと。中でも品川は東海道の宿場の中でも一番規模が大きく、百九十人の飯盛り女がいたといいますから（後に五百人までの増員が認められる）、ここで遊ばない手はない。ちなみに吉原は北国と呼ばれ、品川は南国、または南蛮と呼ばれたそうです。

おっと、二十五分経過して、銀座尾張町交差点に着きましたよ。そうか、最近は尾張町交差点って言っても分からないかな？　中央通りと、晴海通りが交差する銀座四丁目交差点のことですな。

しかしさすが銀座、大勢の人が出てますぞ。江戸時代は京橋、日本橋の方が繁華だったらしいというんですがね。明治時代になって、鉄道駅がある新橋と日本橋の間にある銀座を文明開化に相応しい町にしようということで煉瓦街になった。それが東洋一の繁華街に発展したというわけですな。

七丁目のライオンビヤホールが呼んでいるが、ここで時間を食うわけにいかないと、横目でもって恨めし気に望んで通り過ぎる。

銀座の八丁目で歩行者天国も終わり、新橋駅を右に見て一路第一京浜をひたすら歩き、三十五分経過。この辺りは勤め人相手のエリアなのか、銀座と打って変わって軒並み商店は休んでいるし、人もあまり歩いていない。しかしなんですよ、都市開発でこの辺りもめっきり様子が変わりましたな。こうした近代的な建物に、全く江戸の香りがしないってのも寂しいもんですけどね。

芝に到着。ここまで来たら、やはり江戸っ子の三十三観音巡礼コースの二十一番、

銀座歩行者天国

増上寺（西向聖観世音菩薩）に詣《もう》でなくちゃいけませんな。多分、江戸の旅人もそうしたはず。近道ということで横道に折れると、芝大神宮での結婚式に遭遇。やっぱりいいですな、こうした和風の結婚式ってやつは。

さあ、着きましたよ増上寺。なんでしょ、結構な人が境内を歩いていますよ、ここも観光地化しているってわけ？　あたしゃペットボトルの水を手に、しばし休憩。ここまで五十五分経過。

再び歩き始めると金杉橋詰北、首都高の下に、鎮守稲荷大明神と旗にある小さな社を発見。注意していないと分からないのだが、都内の至るところにこうしたお稲荷さんなどの社がある。ということは、これも江戸時代からずっと繋がっている、要するに、江戸庶民の信仰の厚さを表わしているわけですな。


札の辻から第一京浜が右に曲がっていく。これが果たして旧東海道かどうかは知らないが、第一京浜をひたすら行く。

三田に差しかかると、急にお日様が射してきた。どうにも妙な天気である。ここまで一時間二十分。普段履き慣れないアーミーブーツを履いてきたもので、さすがに足

芝大神宮にて結婚式に遭遇

がちょいと重くなってきている。

一時間三十五分、泉岳寺を越えたところで、ガードをくぐって線路の反対側に出てみる。なんだいこのガード、直立して歩くと頭が天井に触れるほど低い。首を曲げてガードをくぐるが、それにしても長いガードである。そりゃ長いはずですよ、後から調べると、なんと四十二本の線路が上を通っていた。多分、日本一長いガードじゃないの？ これがもし踏切だったら、間違いなく開かずの踏切になるよな。

ガードをくぐり終えると、目の前には芝浦水再生センター。この辺り、全く人が歩いていない。数台の自転車とすれ違ったが、歩いている人が全くいない。緑道を行くと、東京大学都市工学科の建物。足がさらに重くなり、腰が少し痛い。

おっと、視界が開けた先には品川駅。日本橋からここまで二時間かかって到着。大したことないなぁ〜と、記念撮影。

さあ、ビールか？ ビールはいいのだが、独りで飲んでも面白くない……そうだ、大森に住んでいるカメラ仲間のS君を呼ぼう。

てなことでしばし待っていると、S君自転車で登場。「日本橋から歩いて来た」と言うと、なんと酔狂なことと呆れ顔をする。

「だけどここは品川宿とは違いますよ。品川駅は港区ですし、旧東海道はもっと先です」

「ええっ!?」

折角品川駅までやって来たというのに、品川宿はまだ先だって言うの？　とほほほ、もう少し歩けってのかい……しかしここまで来たんだ、よし分かった、歩きましょう。

急に股関節が痛くなってきた。昔の人は頑丈だったんだなぁ～。

さらに歩くこと十分。屋形船が係留されている場所に出た。しばし、独りよがりの達成感に酔う。

実際の宿場は目黒川を挟んで北品川、南品川と分かれ、後に北品川の北側に歩行新《かちしん》宿《しゅく》が出来て三宿となる。とにかく品川宿は港湾都市として栄え、東海道一の宿場であり、海に沿って二キロの間に旅籠や飲食店が軒を連ねていたと聞く。

よ～し、こうなったら成り行きだ、あたしゃ歩きで四宿全部踏破してやるぞ。なんなら、東海道を京都まで踏破してやろうか！

東海道品川宿

勝手知ったる深川を歩く

ええっ?「荷風の東京を歩く」と言われても、あたしゃ永井荷風ってな人物を良く知らない。知っていることといったら、作家で、下町好きで、ストリップ好きで、終の棲家が市川で、とにかく変人だったたってことぐらい。昔、〈濹東綺譚〉は読みましたがね。どうする?「荷風の東京を歩く」というんだから、また歩くか? 荷風も歩くのが好きだったと聞きますから、いいでしょ、車や電車はなしってことで歩きましょう。

そんなこんなで荷風の随筆〈深川の散歩〉に沿って、まずは水天宮から清洲橋に向かう。ただ今午後一時丁度。

昭和九年に書かれた随筆には、「今だに乗合自動車の外、電車も通らず、人通りもまたさして激しくはなく」とあるが、最近は高層ビルも目立ち、車の往来、人通りも激しい。荷風が見た頃の東京、行ってみたいよなぁ。

しかしこの清洲橋、隅田川にあって際立って美しい。なんでも聞くところによると、ドイツのライン川に架かっているヒンデンブルグ橋をモデルにしたってことです。名前の由来は中央区の日本橋中洲町と、江東区清澄町を結んでいるところからきている。

「清洲橋を渡りかけた時、向に見える万《ママ》年橋のほとりには、かつて芭蕉庵の古址と、柾木稲荷の社とが残っていたが、震災後はどうなったであろう」

なるほど、確かに橋の上から左前方に萬年橋が見える。でも何か変だぞ？　まっ、とにかく、ちょいと芭蕉庵へ寄ってみましょうか。

清洲橋を渡って江東区に入り、左に折れると、やがて左側に小名木川に架かる萬年橋——あれれ、シートに覆われて工事中じゃありませんか。これかい、違和感を覚えたのは。いい形の橋なんですがどうにもこの姿、痛々しいですなぁ。

橋を渡ってすぐ左に折れると、そこには庵の遺跡がある芭蕉稲荷と、その先にはおできの神様の柾木稲荷の社。

それを行き過ぎまして、隅田川の堤防を上がると、鎮座ましましているのは芭蕉さ

堂々たる清洲橋

んの像。キッと、隅田川を見据えておりますな。芭蕉の〈寒夜辞〉に「遠くは士峰の雪をのぞみ、ちかくは万里の船をうかぶあさぼらけ、漕行く船のあとしら浪に芦の枯葉の夢とふく風もやや暮過ぐるほど、月に坐しては空しき樽をかこち、枕によりては薄きふすまを愁ふ」というのがありますが、番小屋を芭蕉庵と称したのが天和《てんな》元年っていいますから、今から三百二十八年前。かの昔、芭蕉はこの銅像のように隅田川を見ていたんでしょうな。芭蕉の頃の江戸にも行ってみたいよな。

さてお次は、「東森下町には今でも長慶寺という禅寺がある。震災前、境内には芭蕉翁の句碑と、巨賊日本左衛門の墓があったので人に知られていた」とある、森下の長慶寺に向かいましょうか。

深川芭蕉通りを行きまして清澄通りを左に折れると、やがて左側に元祖カレーパンの〈カトレア〉。ここのカレーパンはホント美味い。森下の交差点を渡って右に折れると、ただ今工事中の煮込みが美味い居酒屋〈山利喜〉。さらに行きますと、桜鍋の〈みの家〉。その裏手に回って、そこに長慶寺。こんな按配に書きますと、なんだか随分簡単に歩いたように思われるでしょうが、ただ今一時五十五分。すでに一時間歩いているのよ。

長慶寺には芭蕉翁句塚跡と、芭蕉門弟の其角の墓、そして歌舞伎などで有名な日本左衛門の墓があるというんですが――おやっ、この小さな石って？　門をくぐって直ぐ右側に、高さ二十センチほどの石片。そこにはどうにか、「角墓」の字が読める。壁に貼ってある写真を見ますと、昭和十六年撮影とある芭蕉翁句塚跡と、其角の墓碑の姿。まだ堂々としている。後に風化して、こんな小さくなっちゃったのかい？　荷風が見た頃の石碑は、さらに大きかったんでしょうな。なんぞと感心をしてみたが、ついに日本左衛門の墓は見つからなかった。

では先を急ぎましょうか。お次は、「むかしの黒江橋は今の黒亀橋のあるあたりであろう。即ちむかし閻魔堂橋のあったあたりである」というから、冬木に向かいましょうか。

清澄通りを戻りまして、高橋ののらくろ～ドを右に見て、そうそう、こののらくろ～ドというのは、漫画〈のらくろ〉の作者田河水泡が、青年期までを江東区で過ごしたということで付けられた名前。通りを行けば、森下文化センターの中に『のらくろ館』ってな、のらくろ展示館がありますぞ。

今は全く面影もないがこの辺り、昔は木賃宿が多くあり、労働者が寝泊りしていた。ヤマといえば山谷、ハシといえば高橋のことを指した。

小名木川を渡りまして——この小名木川、家康が天正年間（一五七三〜九二）の終わり頃に造らせたという、旧中川と隅田川を結ぶ運河。なんでも、造った人の名前が小名木四郎兵衛といって、千葉からいろいろな物資を運んだということ。

清洲橋通りを過ぎ、右に清澄庭園を見て深川江戸資料館の通りを左に折れて、資料館の手前を右に曲がる。「今の黒亀橋のあるあたり」といいますから、その黒亀橋を探すんですが、これがまた見つからないときている。しかし昔はこの辺りに随分亀がいたんでしょうな、亀堀公園、亀久橋ってな名前が今も残っている。

結局また清澄通りに戻りまして、閻魔堂（法乗院）へ。ここの閻魔様、高さ、三・五メートル、幅四・五メートルの、たいそう大きい閻魔様。お賽銭を入れますと、堂内の照明がクルクル回り、願い事に応じてお言葉が聞けるってな、ハイテクでありがたい閻魔様。しかしこの日はお葬式をやっていましてね、中に入ることは断念。

左に折れ葛西橋通りを行こうとした瞬間、〈深川の散歩〉にある文章を思い出した。

高橋から小名木川を望む

「かつて明治座の役者たちと共に、電車通の心行寺に鶴屋南北の墓を掃ったことや、そこから程遠からぬ油堀の下流に、三角屋敷の址を尋ね歩いたことも、思えば十余年のむかしとなった」

それならばと、ちょいと戻りまして心行寺に……鶴屋南北のお墓は？　と、墓所を巡ったんですが、これも分からずじまい。

鶴屋南北（四代目）というのは、江戸後期の歌舞伎狂言作者ですな。〈東海道四谷怪談〉なんて作品も南北の作。葛西橋通りと清澄通りとの交差点深川一丁目、向かい側を見ますと小さな公園がある。これが三角屋敷の跡地。ここは四谷怪談のお岩さんの妹、お袖さんの住いがあったという場所。なんでも、本所上水請負人の吉右衛門なる人の家が鱗形だったことから、三角屋敷と呼ばれるようになったってことです。で、ただ今歩き出してから一時間半経過。

「震災後、新に開かれたセメント敷の大道は（中略）、仙台堀に沿うて走る福砂通と称するもの」

「セメント敷」って、アスファルトのことですよね。つまりこの大道というのは、今の葛西橋通り（現・旧葛西橋通り）ということですな。そうそう、ちょっと前までこの通りを福砂通りって呼んでいましたっけ。

「昼中でも通行く人は途絶えがちで（中略）、夕焼の雲を見たり、明月を賞したり、あるいはまた黙想に沈みながら漫歩するには、これほど好い道は他にない事を知った」と荷風は書くが、この交通往来の激しい路がそんなに寂しい道だったの？

　葛西橋通りをひたすら行くと、やがて三ツ目通りに当たってそれを渡ると、そこは広大な敷地の木場公園。この辺りは地名のとおり、多くの材木商や貯木場があった場所。それが新木場に移転したので、その跡地が公園になったってわけ。公園の中に歩みを進め公園を抜ける。時計を見ると、ただ今二時間経過。腰がちょいっと痛い。頼むよ、今日一日もってくれよ〜。

　広大な公園を抜けると、永代通りにぶつかる。それを永代橋方面へちょいと戻って木場駅側の小さな道を左に折れ、風情のある赤い橋を渡って洲崎神社に到着。

　かつてあたしは西洲崎橋の横にあるアパートに住んでいた——あら〜っ、なんとそこには三十五年前の形のままに、アパートが残っているではありませんか。懐かしいな〜。懐かしさついでに、その昔遊郭で賑わった洲崎の中を探索してみましょうか。

1974年頃に住んでいたアパート

〈濹東綺譚〉を書いた荷風である、この洲崎にも惹かれたかと思いきや、戦後の洲崎には関心が薄かったという。しかしこの洲崎、すっかり変わってしまった場所もあれば、ちゃんと当時のまま残っている場所もある。赤線時代の名残の建物もまだ何軒か見かけることが出来ますぞ。

洲崎は享保八年（一七二三年）から三年の間に、十万坪の敷地を江戸のゴミ等でもって埋めて造った場所。広重の名所江戸百景〈深川洲崎十万坪〉には、雪を頂いた筑波山が描かれているから、その昔は随分遠くまで見えたってことですな。

洲崎の中をぐるり巡って、赤線『洲崎パラダイス』のアーチがあった側の洲崎橋を下り、緑道へ入る。昔ここは川だったが、今は埋め立てられて緑道になっている。それをしばらくテクテク歩いて東陽町へ。

東陽町の交差点に着いたのが三時四十三分。歩き始めて、間もなく三時間にならんとしている。その交差点を渡って東陽町駅を右に曲がり、永代通りを行く。

やがて左手に団地群が見えてくる。元『汽車会社東京支店工場』の広大な跡地が、この南砂団地になった。実はあたし、この団地に住んでいた。説明をたすと、それを取り巻くようにある緑道が、かつて都電がはしった軌道敷跡。そこのベンチでひと休み。ここまで二時間五十分経過。

フゥ〜ってことで、十分ほど休憩。

さて、そろそろ行くかと腰を上げると、休んだせいか腰が重くなってしまっている。あれっ？　だけど、痛かった腰が治っている、どうしてでしょう？

この緑道、桜の季節になると夜毎の花見で大賑わい。実際、ここの桜のアーチはお見事の一言。

明治通りに出る手前に、ここをはしった都電の車輪がモニュメントとして置かれている。そこにはこんなことが。

「この緑道公園は、もと都電（城東電車）が走っていた用地にみどりといこいの散歩道として建設されたものです。城東電車は大正六年から設置され、この緑道公園の区間は昭和二年にしかれましたが、昭和四十七年十一月に廃止されるまでチンチン電車の愛称で広く親しまれていました」

あたしはその日のことをよく覚えている。

「チンチン電車がなくなるって日に、僕は道端に立って最後の晴れ姿を見ようとして

洲崎に残る往時の建物

いた。やがてガラガラと音を鳴らし、身体を揺すりながらチンチン電車がやって来た。僕は拍手をしてチンチン電車を迎えた」

当時のノートにそう書かれている。荷風の随筆にも、このチンチン電車、つまり市電が登場する。

明治通りに出て信号を渡る。目の前にある通りの名前を元八幡通りという。その通りをひたすら歩く。目指すは元八幡宮である。荷風の随筆〈深川の散歩〉に、「わたくしが砂町の南端に残っている元八幡宮の古祠を枯蘆《かれあし》のなかにたずね当てたのは全くの偶然であった」とあるところからすると、きっと荷風もこの道を歩いていたに違いない。ここから荒川までは二キロほどだろうか、その手前に元八幡宮がある。

東西線の南砂駅を出て葛西橋通りに出る左側に、『T書店』という古本屋がある。あたしゃバカな古本好きときているから、ちょっと寄り道を——なんてあたしはバカなんだろう。バカな古本好きじゃ～なくて、古本好きのバカになってしまった。というのも、厚みが七センチ近くもある写真大事典と、文庫本二冊を買ってしまった。ヒェ～、重いよ～、さらに股関節が痛くなってきたよ～。まだなのかい、元八幡宮は

元八幡宮

……。

商店街を歩きながら横道を見ると、かなりこの辺りも変わったことが分かる。ちょいと脇道にそれると、何もなかった場所に新しい道が出来ていたり、住宅が建っていたりしている。荷風が歩いた頃は、一体どのような景観だったのだろうか。そうだ、昔この辺りに友人のK崎君が住んでいたが、今やその場所すら思い出せない。

重たい本を抱え、フウフウ言いながらどうにか元八幡に到着。広重の〈名所江戸百景〉にある、『砂むら元八まん』というのがこれですな。この八幡様古いですぞ。なんせ、寛永六年にあまりにも辺鄙《へんぴ》だし、荒川が氾濫したら危ないと、門前仲町に移築したのが富岡八幡宮ってんですから、富岡八幡宮よりずっと古い。だから〝元〟というわけですな。武士で歌人でもあった源三位《げんざんみ》頼政《よりまさ》も詣でたとあるから、八百年以上も前からあったということですよ。

荷風は随筆〈元八まん〉の中で「偶然のよろこびは期待した喜びにまさることは、わたくしばかりではなく誰でも皆そうであろう」とこの元八幡の発見を喜んでいるが、「その後一年ほどたってから再び八まんの祠を尋ねると、古い社殿はいつの間にか新しいものに建替えられ、夕闇にすかし見た境内の廃趣は過半なくなっていた。世相の急変はただに繁華な町のみではなく、この辺鄙にあっても免れないのである」と書いている。まあ、今でも静かな場所である。それを考えると、荷風が書いたように、往時は何もない本当に辺鄙なところだったに違いない。その荷風が見る今はその時の「急変した景色」とも、全く違ってしまっていることだろう。

さて陽が暮れ始める、急ごう。

「隅田川が散策の興を催すには適しなくなった」ということで、荒川に通い出した荷風。階段を上がり、眼の前が一気に開けたその荒川の河川敷に到着したのが、丁度五時。四時間歩いたってわけかい。店に入ったり休んだりと、三十分位ロスしたとしても、良くぞ歩きました。

水辺まで歩き、そこに腰を下ろす。この辺りの河川敷といえば、雑草だらけの何もないところであった。東京湾側に歩いて東西線の鉄橋を越すと、コンクリートが敷き詰められただけの殺風景な河川敷となり、おおよそ人に会うこともなかった。あたしはその寂しげな風景が好きで、日光浴をしながら時折文庫本などを広げていた。ところが今はサイクリング道なども完備され、この時間も人や自転車が行き交っている。

荷風は随筆の中で「橋の影も日の暮れかかる頃には朦朧とした水蒸気に包まれてしまうので、ここに杖を曳く時、わたくしは見る見る薄く消えて行く自分の影を見、一歩一歩風に吹き消される自分の跫音を聞くばかり」と落莫たる夕刻の荒川を書いている。

陽が落ちてきた、そろそろ戻ろうか。かなり歩きましたから、さぞかしビールが美味いことでしょうな。予定では、荷風の〈断腸亭日乗〉にもある浅草の『アリゾナ』に出向いてビールを、と思っていましたが、もういいや。歩きたくない、やめた。で、南砂町の『遠州家』ってな店に入ってカンパ～イ。

ああ疲れた～……酔いが早い。

司馬遼太郎の本郷界隈を歩く

いや、今回のテーマ、司馬遼太郎も実にまいった。というのも、あたしは司馬遼太郎を読まない。かなり以前、友人に司馬遼（司馬遼では大変失礼なのだが、通称ということでご勘弁を）のある一冊を薦められた。ところが文章の言い回しがどうも鼻につき、途中で投げ出してしまった。それ以来、全く読まなくなってしまった。

どうするのよ――そこで、荷風の回でもお世話になった、月刊〈食楽〉の編集担当者であるYさんに相談をしてみた。「ならばこれを」と手渡されたのが〈街道をゆく37　本郷界隈〉という一冊である。「その辺りを歩いてみれば？」と言う。ところがこれがまた、文庫本丸々一冊本郷界隈なのだ。どこを歩いていいのか皆目見当も付かない。「それなら同行します」とYさん。ありがたやと、御茶ノ水駅で待ち合わせる。「どこへ行くの？」「ついていらっしゃい」「ふぁ～い」。あたしは二日酔いの身体で、ヨロヨロとY女氏の後を金魚のフンである。

まずは、文中の「JR御茶ノ水駅から、水道橋方面に歩くと、途中、順天堂大学がある。背後に、本郷台を背負っている」に従って、油坂を上った所にある、江戸水道の遺構を保存している場所へ向かう。やたら坂が多い。どんどん昨夜《ゆうべ》の酒が抜けていく。「本郷台はひろくいえば武蔵野台地になる」とあるように、武蔵野台地の上は山の手になる。しかるに、世田谷や目黒は、本来の山の手ではありませんからね。

おおっ、ここかい。直ぐに辿り着いたのは、『東京都水道歴史館』ってな建物。裏手の『本郷給水所公苑』に、『神田上水石樋』という碑がある。へぇ～、神田上水を復元した場所が残っているんだ。つまり江戸に水道を引く、最大の事業跡ってわけですな。この遺構は昭和六十二年、外堀通り本郷一丁目先の工場現場から発掘された物が移築された。司馬遼は文中で、江戸の水道事業に関して詳しく述べている。いや、全編詳しく述べている。つまりあたしは、それをなぞるだけ。

ホームレスが日向ぼっこをしている公苑を抜け、壱岐坂通りの交差点に出て、通りを左に折れ、目の前の東洋学園大学の脇道に入って行く。目指すは、旗本であった甲《か》

聖橋を望む

神田上水石樋

斐庄喜右衛門《いのしょうきえもん》屋敷跡のクスノキである。「いまも一樹で森をおもわせるほどのクスノキがそびえている」と本文にあるように、その存在は遠くからでも確認できた。「デッ、デッケ～！」。樹齢六百年、区の保護指定であるクスノキは見事に太くてデカイ。江戸時代『本郷のクスノキ』として名を馳せたというが、江戸初期においで、すでに樹齢二百年だったことになる。司馬遼は道路から奥まっているフランス料理の『楠亭』で食事をとったとあるが、今は閉店している。そういえば目の前にフランス料理店があるが、たぶん違う店だろう。

さて先に進もう。やがて大きな通りにぶつかるが、これが春日通りである。右に曲がって本郷三丁目の交差点まで行くと、その角に『かねやす』がある。享保年間（一七一六～三六）に兼康祐悦という口中医師が、乳香散という歯磨粉を売り出し、連日大勢の人が押し寄せお祭り騒ぎだったという。現在、一階の店舗は洋品雑貨店になっているが、今日は残念ながら定休日。

「本郷もかねやすまでは江戸の内」の川柳が有名であるが、ビルの柱にそのプレートが掲げられている。享保十五年に大火があったとき、大岡越前守はここまでを耐火のため土蔵造りの塗家にした。ここから北側は、従来どおりの板や茅葺の町家が並んでいたため、「江戸はここまでだ」と詠まれたわけですな。つまりその先は在郷ってわけ。

本郷三丁目から交差する本郷通りを渡ると、「別れの橋・見送り坂と見返り坂」の道標がある。「追放の者など此処より放せし」と書かれているところから、江戸所払いの人間をここで見送ったということなんだろう。罪人は当然、未練を残して見返る。家人などはその姿を見送る。見返り坂は東京大学学士会館から南側で、見送り坂は本郷三丁目からその学士会館までのことを指す。

その先、直ぐ左側に本郷薬師の門があるが、薬師堂は寛文十年に建立された真光寺の境内にあった。しかし寺は戦災で世田谷に移転し、今は昭和五十三年に再建された、小さなお堂だけがポツリと残っている。

坂と呼ぶにはあまりにもなだらかな道を上って行くと、やがて右手に東大赤門が見えてくるので、キャンパス内に入ってみる。

東大の敷地が加賀前田藩の敷地だったことは、周知のことだと思うが、司馬遼は昭和七年刊〈東京帝国大学五十年史〉を引用して、「なによりもおどろいたのは、付属

本郷の大クスノキ

病院の場所が、加賀藩邸ではなく、大聖寺藩だったことである。（中略）当時の文部省自身も、加賀藩邸としてきた」と記している。へぇ〜そうなのってな按配である。

案内板を見て、三四郎池を目指す。夏目漱石の小説〈三四郎〉にちなんで三四郎池と呼ばれるようになった池は、加賀藩邸の庭園の一部で、池の形が〝心〟という文字をかたどっているところから、『育徳園心字池』と呼ばれたとある。なんでも、ここは江戸時代すでに、諸藩邸の庭園の中でも名園と称されたという。なるほど、あたしゃ初めてここへ来たが、なかなかに素晴らしい。大体こうした庭園は有料なのだが、ここは無料、東大はエライ！

しばらく池と緑を眺めながら休んだ後、腰を上げて左手に安田講堂を見ながら、キャンパスを突っ切るような形で池之端門に出る。

門を左に折れるように道なりに進む。不忍通りを行ってもいいのだが、別に特筆することもないだろうと、とにかく不忍通りを右手にして裏道を進む。それにしても、『宗賢寺』『東淵寺』『大正寺』『正慶寺』『妙顕寺』『忠綱寺』『休昌院』等々と、寺がやたらに多い。中に『七倉稲荷』がポツリと……。所々に古い建造物などもあるが、注意を払わなければ何ごともなく通り過ぎてしまうだろう。やがて言問通りにぶつかるが、これを渡って、さらに裏道を行く。

池之端門から三十分弱、左斜め方向へ向かって歩くと、根津権現（神社）へ到着。かつては門前に岡場所（遊廓）があり栄えたというが、明治二十一年、大学地域として好ましくないとの理由で洲崎（江東区）に移転した。

「根津権現の社殿その他は、権現造りの優等生のようなつくりである」「境内は、閑寂で、それに江戸風の朱色が気分をおちつかせる」と司馬遼は書くが、根津神社はただ今改装工事中で、景観はすこぶるよろしくない。境内にある池は、「三四郎池と同様、本郷台地から湧き出したらしい」とある。同じ敷地内社殿の左、池の後ろ側が乙女稲荷神社、さらに裏手左にあるのが駒込稲荷神社である。

さて、残りはもう少し。根津神社北口の信号を渡り、日本医大付属病院の中ほどの小径を行く。緩やかな坂が続くが、江戸時代この坂上には武家、社殿が多かったという。これを藪下の道という。その昔、「藪下の道は、武蔵野台地が尽きはてる崖に沿う道である」「左側が、ときに谷になっている」とあるから根津谷の道、今の不忍通りが谷にあたると思われる。我々の行程からいうと、右側が谷になる。汐見小学校が坂の下にあるが、名前からすると大昔、海が近く見えたってことですかね。

やがて右側に公園、左側に鷗外記念本郷図書館（森鷗外の旧居観潮楼）が現れる。鷗外は明治二十五年に千駄木から転居して、ここを終の棲家とした。現在「建物が鷗外の貴重資料保存に適さなくなってきた」という理由のため休館。森鷗外生誕百五十周年（平成二十四年）に開館になるという。庭園は休館中も日曜のみ開園しているのだが、申し訳ないが、これがあまりにもお粗末で……いや、あまりにも小さくて愕然。

ということで今回は、本郷をちょいと歩いてみました。

おっと、団子坂上の目の前に『レインボー・キッチン』なる店があるじゃないの……というわけで、とりあえずビールでお疲れさ〜ん。Yさん、ありがとうございました。

よしこうなったら成り行きでぃ、司馬遼の歩いた全街道を踏破してやろうじゃないの。〈街道をゆく〉は全部で何巻あるの？　ええっ、全四十三巻もあるの!?　や〜めたっと。

気がつけば神田にいる

神田という町は、行くようで行かない。行かないようで行く。なんだそれ？　つまり足繁く通うということはないのだが、なんとなく年に何回かは足を向ける町なのである。神田に行こうと決して行くのではなく、気が付くと神田にいるということが多い。また、神田の範疇は思いのほか広い。神田という意識を持つ場所――要するに駅周辺とかが、神田○○町という地名と頭の中で一緒にならないことがある。それが、気が付くと神田にいるということに通ずると思っていただきたい。

神田は本来下町である。端唄で江戸っ子のことを「芝で生まれて神田で育ち　今じゃ火消しのあの纏《まとい》持ち」とあるのはご存知と思う。幕府が編纂《へんさん》した〈御府内備考〉（文政期一八一八～三〇）によると、「神田堀内」とあるから、神田川の内側が下町・神田ということになる。要するに本来の江戸御城下町《おしろしたまち》、これの東北側の端ということになる。御府内備考の頃は、浅草も下谷もまだ下町とは呼ばれていない時代である。

現在は喧騒たる町になってしまった神田だが、下町の面影は今も所々にちゃんと残っている。しかしこれを説明しろというのは難しい。歓楽街であろうが、商店が軒を連ねていようが、またオフィス街であろうが、なんとなく下町を感じることができるのである。これは下町の中心だった日本橋辺りにもいえることである。しかし「どんなところが?」の質問に対しては、確固たる説明が出来ないのである。これは下町の人間しか分かりえない空気のようなものを感じるからだろう。戦後、下町の仲間入りをした葛飾や江戸川、また宿場町の北千住辺りは、確かに下町らしさを残している景観が顕著であるが、何かが違うと感じるのである。やはり見た目だけでは分からない。それを説明すればするほど、こっちもわけが分からなくなってしまうのである。印象ではなく、心象なのかもしれない。

今回は、神田にまつわる思い出をつらつら書き連ねようと思う。

もう二十五年以上前のことになってしまったが、〈東京酒場漂流記〉を上梓したのが一九八三年のことである。飲み屋の話を書こうと決めて、まずこの神田界隈の飲み屋から文章にする店を探し始めた記憶がある。故人になってしまったが、イラストを描いてくれた栗山さんとは、とにかくよく連れ立って飲み歩いたものである。「半年間に二百軒ぐらいは飲み歩いた」とあとがきにあるところからすると、とても尋常とは思えない。

中でもお気に入りだったのが、東口中央通り側にあった『トロイカ』というトリスバーだった。しかし、〈東京酒場――〉が文庫化された九五年には、すでに『トロイカ』はなくなっていた。当時、そのマスターと道でバッタリ会ったことがあった。「今、ビルの中で営業しているんですよ。今度寄ってみて下さい」と言われたのを思い出し、今回神田の駅周辺を歩いてその店を探したのだが、ついに分からずじまいであった。白衣を着た律儀そうなマスターも、結構な歳になってしまったことだろう（後日、西口にて今も営業していることを知る）。

そういえばどこの居酒屋だったたか、栗山さんとお銚子を二本パクって帰ろうとしたことがあった。勘定の段になってレジでオネエさんに「幾ら？」と訊くと、「そのお銚子も、一緒に精算しますか？」と言われた。オツな言い回しに恐縮しながらも、ほうほうの体でその店を出たのを覚えている。

そうだ、あの焼肉屋さんはなんと言ったっけ？……思い出した、確か『進進』という店だった。鉄板焼きの店で、大きなボールに入ったモヤシと肉を豪快に鉄板にあけて焼くという方式で、さながら鉄板の上はモヤシの山であった。ありゃ美味かった、今でも食べてみたいと思う。あたしがテレビで紹介したところ、行列が出来る店となり、店主が「五年分の借金を半年で返してしまった」と言っていた。その韓国人のオーナーは儲かったらさっさと店を畳んで、スナック業に転身してしまった。あたしなんぞは勿体ないと思うのだが、目先の利く経営者とはそうしたものなのかもしれない。そう言えば、一度そのコリアン・スナックに招待されたことがあった。店主は笑いながら「店の恩人ですから、一生タダでいいですよ」と言ってくれたのだが、タダほど敷居が高い店はない。いずれ、場所もどこにあったか失念してしまった。

今、神田の町は暮れようとしている時間。もっともこの時期、陽が落ちるのが早いから、一杯飲《や》るにはちょいと早いか？　時間を持て余して駅の周辺を闇雲に歩くが、神田駅を通る線路は中央通りのような大きな幹線道路と並行して走っていないもので、慣れないと一瞬方向を見失ったりする。

おっと、すでに高架下の店辺りでは、勤め人が一杯飲っている——お前ら、仕事しろよ！

へえ〜、東口高架下のスタンド・バー『DARUMA』、やっていますよ。安く飲めるショットバーで、あたしが通っていたのは三十年ぐらい前かな？　今は韓国人のオーナーが経営しているのだろうか、オネエさんも韓国人で、バーボンのツマミに韓国海苔ってな変わったバーになってしまった。

——えっなんです、サイン？

いいですよ。開店前のオネエさんに声をかけられて、サインをせがまれちゃった。あれ、隣の二階も確か同じ経営者で『オモニ』という韓国家庭料理の店だったのに……そうだ、この店で漫画家の北見けんいちさんと行き会ったことがある。今はもんじゃ焼き屋になってしまっている。そういえばそれ以前、かなり昔のことになるが、ここの二階、名前は『だるま』だった。変わった居酒屋で、ツマミに海がめの卵や、ザリガニを置いていた。あれから何回店名が変わったんだろう？

神田は面白い町である。駅周辺はオフィス街であるため、飲食店の激戦区である。目まぐるしい勢いで飲食店が淘汰され、経営者が新しくなったりする。そこにまた余所から飲食店が参入する。昼食時を含め、飲食店はお客さんの確保のためにオチオチ

30年前から佇まいは変わらない『DARUMA』

出来ないはずである。ということは、生き残るためには経営者側はかなり工夫を強いられるということになるが、言い換えればそうした店は美味《うま》い物を安く提供するって自負があるはずである。なんとなくそれが、神田って気がする。

最近は神田に寄れば、必ずと言っていいほど『昭和』というフォーク酒場で一杯飲《や》る。フォーク好きが集い、順番に歌を披露するという今様な店である。中には玄人はだしの人がいたりして、「へぇ〜」などと感心させられることもある。「一曲歌って下さいよ」の言葉に「いや〜」なんぞと照れては見せるが、結局のところ照れ隠しに一杯、また一杯、またまた一杯ってなことで、やがてバカになってマイクの前に陣取る。そして次の日は、二日酔いという憂き目に会うのである。そうそう、高田渡のお兄さんと一緒に来たこともあったっけ。

さて今宵はどうしようか？　『昭和』に顔を出すには、まだ時間がちょっと早過ぎるか？　神田小路辺りで一杯飲るか？　神田小路は素敵ですよ。入り口がそれぞれ分かれているが、中に入れば奥が繋がっていて、所狭しと小さなお店が軒を連ねる。昭和時代の飲み屋街というのを彷彿《ほうふつ》させてくれる、香港にあった九龍城ってな感じの貴重な飲み屋街である。待てよ、その前に『大越』に寄っておくか？　いやいや、『升

フォーク酒場『昭和』。順番を待ってひとり２曲披露

亀』も捨てがたいなぁ〜。またハシゴ酒ってことになるな、きっと。おやっ『コスプレ焼肉　ＯＫ牧場』ですって。入ってみたいような、怖いような……ひとりじゃダメだ、今度友達と来てみようか。

「おいおいなぎら、結構神田に詳しいじゃないか。実は、しょっちゅう神田に来ているんだろう?」ですって?　いえいえ、「気が付くと神田にいる」なんですから……。

『大越』と並んでいる『升亀』。どっちもいい店です

日比谷公園独りピクニックの記

えっ、公園っていうテーマなの？

「東京の公園今昔探訪」って、あたしゃ一体何を書きゃいいのよ……何も思いつかない。公園ねぇ〜、そりゃ普段公園には行かないわけではないが、「さあ、公園へ行こう」と、意を決して行くわけでもないし、ルンルン気分でデートなんぞあるわきゃない。子供も大きくなってしまったから、親子連れで、なんてことはとうに過去のものになってしまったし……。

よし、そうとなりゃ公園へ行こう。公園に行って、独《ひと》りピクニックをやろう。そうすればいろいろ思い出せるに違いない。どこだ、どこの公園がいい？　そうだ、日比谷公園がいい。日比谷公園の敷地内にある日比谷公会堂は、初めて外タレを観に行った場所。野外音楽堂は、初めて大勢の客の前で歌った場所。またあたしの〈悲惨な戦い〉は、その野音で録音されたもの。日比谷公園が呼んでる。よし日比谷公園に行こう。

公園の定義というのは難しいと思うが、大別すればまずは児童公園、広い敷地を持つ大型公園、そして由緒ある有料の○○庭園というところだろうか。あたしは庭園にはまず行かない。安らぎがないし、落ち着かないのだ。金を払っての公園、つまり「公《おおやけ》」の「園《その》」というには、そこに違和感がある。

日比谷公園は都内でも有数の大型公園である。今あたしは食糧を買い込み、ワインを手に独りピクニックを決行中である。酒はご法度なのかもしれないが、洋行生活が長いあたしにとってのワインは水代わりである。しかしご法度だったら人目につくとまずいので、ワインは紙袋に入れている。

あれは幼稚園ぐらいだったろうか、当時我が家はお隣の町、東銀座にあった。母親に手を引かれ、よくこの日比谷公園に遊びに来ていた。噴水がある人工の池があり、あたしはコンクリートの縁に上がって遊んでいた。母親の「そんなところへ乗ったら危ないから、下りなさい」の言葉を聞いて、何が危ないものかと思うが早いか、ツル

日比谷公園の噴水。ここにドボンと落ちた

ッとすべって池の中に見事に落ちてしまった。ビショビショになったまま、銀座の街を泣きながら家まで帰ったのを覚えている。通る人が見たら一体なんの騒ぎかと思ったことだろう。眼の前のこの池が多分それであろう。

そんなことを思いつつ、なるべく人目をさけ、ベンチの脇にシートを広げる。巻き寿司とお稲荷さんのパックを置き、ワインで乾杯。どうだ、独りピクニックってのはオツだし、やるヤツぁ〜なかなかいないぞ。

そう言えば、この公園の池に亀を放しに来たことがあった。勿論そんなことをしてはいけないとは知っているが、子供だったということで勘弁していただきたい。五十年前のことである。亀は長寿ということだからその亀吉、まだ元気にしているかもしれない。で、さっき池を見て驚いた。池の真ん中の島に、一メートル位はあろうかという大亀が今まさに這い上がろうとしているのだ。よもやあれが、あたしが放した亀かもしれないと、一瞬ドキッとした。しかしよく見ると、石で出来た人工の亀であった。そうだよな、あんな大きな和亀がいるはずがない。五十年前のことだから、もし生きていたら、あの位の大きさになっているかもしれないと、ありもしないことを考え、妙な気持ちにさせられた。

そういえば小学校五年の頃、アトムシールが流行《はや》った。明治製菓のマーブルチョコレートの中にアトムシールが一枚入っていたが、それとは別にチョコレートの包み紙を何枚か送ると、アトムシールのシートがもらえた。そこで友達とこの日比谷公園までやって来て、ゴミ箱を漁ってチョコレートの包み紙を集めた。子供の頃の思い出と言ったら、そんなところであろうか。

日比谷公園は児童公園ではない。しかるに平日の今日、子供の姿は全くない。チョコレートの包み紙を集めている子供の姿もない。休日であれば、親に連れられた子供の姿があるのかもしれないが、日比谷公園には子供用の遊具はわずかなエリアにしかない。要するに、大人の公園、休息場ということなのだろうか？

以前、霞門から入った裏の方に鉄棒と吊り輪があった。昼休みになると、何人ものサラリーマンが隆々とした肉体を誇示したいのか、上半身裸になり鉄棒や吊り輪で見事な技を披露していた。今もまだ、あの鉄棒と吊り輪はあるのだろうか？　そして昼休み、サラリーマンが肉体の品評会を開いているのであろうか？

今の公園は極端である。お母さんたちに連れられた大勢の子供たちが遊んでいる公園もあれば、全く子供たちを見かけない公園もある。都心であればあるほど、子供たちの姿を見かけない。公園は楽しい場所だったはずなのに。

公園か……あたしゃ、写真を撮るのが趣味なもので、オフの日はまずカメラを抱えてどこかの町をブラブラしている。二時間ぐらい歩くと腰が辛くなるので、コンビニで飲み物を買って公園のベンチに座る。時には、そこでパンなんぞをかじることもある。当然、人がほとんどいない小さな公園をねらう。子供たちが走り回り、公園デビューを果たしたお母さん方が見守る、そんな公園を選ぶことはない。そんなところでカメラを手に座っていれば、怪しいオヤジと思われるに違いないからだ。

しかし今、全く子供の姿を見かけない公園のほうが断然多い。この子供たちが遊んでいない公園というのは不気味なものである。そう言えば少し前に、東京新聞のコラムに公園の砂場のことを書いた。

「小さな公園の、砂場の表面を見ると全体が緑色の網で覆われている。最近そういえばこの網を良く見かけるのだが、場所によっては、ジャングルジムやシーソーも危険ということで取り払われる。サッカーもキャッチボールもご法度である。しかしこうして間近で見ると、砂場が死に絶えているように見える」というようなことを。砂場

ここにも独りピクニックのおじさんが……

の網は、犬や猫たちの糞尿対策、衛生上の問題でそうなってしまったと思われるが、そうすればするほど子供たちは遊ばなくなる。子供が遊ばないからそうした状態になってしまったのか、そうした状態だから遊ばないのか、とも書いた。

子供の遊ばない児童公園。これはどうしたものだろうか？　子供たちが空き地や河原などで楽しそうに遊んでいるのを、お役所の人間が見る。

「ああ、楽しそうだな。それならいっそ、このスペースに公園を作ってやろう」

子供たちが遊んでいた、背丈ほどもある雑草は刈り取られ、秘密基地は壊され、人工的な遊具が現れる。それで終わりである。「公園を作ってやった」という自負感、または「公園を作る」という義務感がそうさせているとしか思えない。でも危ないからと、昔のような遊具は減っている。動物を模したイスを幾つか配し、申し訳程度に遊具をひとつふたつ設置する。何が楽しい。そんな場所で、子供たちが遊ぶわけがない。なんとなく、そこに今後の公園に対する課題があるような気がするのだが。

ところで、日比谷公園で独りピクニックはまだ続いている。ここでワインをグビと飲む。

そうだ、もう三十五年も前。あたしは彼女と銀座で飲んだ後、この公園のベンチにふたりで座っていた。彼女の肩に手を回していたとき、なんとなく殺気を感じた。パッと振り向くと、後ろの草むらから、男たちが三、四人ガサガサと出て来た。「何やってんだお前ら」と声をかけると、「なんだ、このやろう」と凄んできた。覗きをやっている連中であった。彼女がいる手前、ケンカになるのもまずいだろうと、あたしはそれ以上言葉を発しなかった。「なんで分かったんだろう?」と妙な捨てゼリフを残して男たちは消えて行ったが、今も夏になると、ここはカップルのたまり場となるのであろうか? そして覗きを趣味とする男たちの、格好の聖地となるのであろうか?

かつて上野公園では、覗きに対する絶好のポイントに誘うことを商売とする男たちがいた。しかし今の上野公園は、ホームレスだらけである。そんな中では恋人たちもオチオチ愛を語れないだろう。というか、ちょっと不気味で夜なんぞはまともに歩けない。

そういえばどこの公園も、ホームレスの姿を必ず見かける。日比谷公園にも、そうしたオジさんたちの姿がチラホラある。いいんだろうか?

いいわきゃないよな。

おっと待てよ、今あたしのこの様子って、世間様の目からすると、そうした人間に見えるのかい？　まあ、誰も独りでピクニックしているなんぞと思わないだろうから、多分そう見えるに違いない。そりゃいくらなんでもマズイ。そろそろ風も冷たくなったし、引き揚げるとするか？

それにしても、独りピクニックって、そんなに面白いもんじゃないな！

独りピクニックは面白いもんじゃない

北千住をゆく

隅田川に架かる千住大橋を渡る。

千住大橋はかつて大橋と呼ばれていたが、架橋から六十年以上を経て新たに大橋（後の両国橋）が架けられたため、千住大橋と名称を変えた。この橋が徳川家康の江戸入城から四年後の文禄三（一五九四）年に、隅田川に架かった最初の橋である。江戸城から離れているのに、なぜこんな場所に最初の橋が？　そう思わざるを得ないが、江戸城から奥州方面へ向かう一番近道という道程を考えると、ここに橋を架けることが得策だったのだろう。またこの辺りは川幅が狭く、架橋に向いていたからという説もある。もっとも、橋の場所は今より上流にあったらしい。

元和《げんな》三（一六一七）年、徳川家康公を祀って日光東照宮が造られると、奥州街道は日光街道となり、大橋の架橋後、千住は日光街道最初の宿場として発展をとげていく。

千住大橋は美しい

橋を渡って右方向の旧日光街道に歩みを進めると、まずすぐ右手に中央卸売市場足立市場の敷地が目に入る。その先の道に沿ったスペースには、俳人松尾芭蕉の石像、そして「街薄暑　奥の細道　ここよりす」の石碑が目に入る。つまり芭蕉は深川から隅田川を舟で上り、元禄二年三月二十七日、ここから奥の細道への旅立ちをしたってことですな。時に松尾芭蕉四十六歳。

さてこの道は『千住仲町商店街』といいまして、通称やっちゃば通り。各商店の軒先には旧屋号が書かれている木札が見られる。いいですな～、こうした配慮って。もっとも地元の人は見慣れているのか、まるで関心なさげに通り過ぎて行く。それを写真に撮っているあたしの方がよっぽど珍しいのか、「何をしているんですか？」などと声をかける。

「本の取材でね……」

「そうですか、買いますよ」

本の名前も聞かないで、本当に買うのかね？

やがて墨堤通りを横切ると、商店街の名前は『ＨＯＮＣＨＯ　ＣＥＮＴＥＲ』と変

いたるところに往時の屋号が

やはり街道は「旧」に限る

わり、木札は見られなくなる。仲町商店街だけの配慮だか、工夫だかってなことなんでしょうな。

そういえば昔、この側のビルに『甚六屋』なるライブハウスがあった。食えない頃、よくライブをやらせてもらった。やがて駅の側にある飲み屋横丁、ときわ通りに移って、同名の酒場になったが、マスターはアルコール依存症になっていた。手が震えて客席まで酒を運べない状態で、客に自ら酒を運ばせていた。そのマスターも、かなり前に若くして亡くなってしまった。あたしのアルバム、〈永遠の絆〉に入っている「ふっと気がついてみると　またひとりぼっち」で始まる〈のこり酒〉という唄は、彼の作品である。

信号を渡り、左手に開けた場所があり、そこに石碑を発見。ここは千住宿の問屋場《といやば》と、貫目改所《かんめあらためじょ》があった場所。問屋場とは、簡単に言ってしまえば、千住八町の各町の名主の事務全体の行政をまとめる場所。貫目改所は、人足と伝馬で運ぶ公用荷物の重量を測り、重量が規定内に収まっているかどうかを調べて、運賃を決める役所ってなとこですかな。今は総合ビル、東京芸術センターになっているので、よほど注意していないと石碑を見過ごしてしまうかもしれない。

やがて商店街はアーケードのある広い通りとぶつかるが、右方向を見ると北千住の駅が見える。通りを渡ると、『サンロード宿場通り商店街』になる。昔はただのサンロード商店街という名前だったと記憶するが……。

街灯のポールには歌川広重描く浮世絵、日光道中を描いた行灯が掲げられている。小金井宿から始まり、中禅寺、日光山内までの風景がある。各店舗のシャッターにも、やはり広重の絵が描かれている。

商店街から枝道になっている路地がいくつもあるが、またなんともそうした路地に風情がある。北千住にやって来ると、あたしはそうした路地を巡って写真を撮って歩いている。これはお勧めですよ。

少し行くと、この界隈ではあまりに有名な、創業昭和二十三年、『かどやの槍かけだんご』が左手角に現れる。千住宿が日光街道と水戸佐倉道の分岐点であるため、水戸光圀公一行は江戸と水戸とを往来するために、千住宿をよく通っていた。休息のさい、近所にあった清亮寺の松の木に槍を立てかけたところから、店の名を槍かけだんごとしたという。建物自体は、明治四十年のものというから、なんとも驚きである。

その手前の右手には、商家造りの家屋が目に入るはずである。江戸時代から紙問屋を営んでいた横山家の住宅とあるが、こちらもなかなかに時代を感じさせてくれるいい建物である。その先の交差点近くにも、木造の建物が目に入る。震災、戦災を免れてこうした建物が残っているというのが、どうにもありがたい。

槍かけだんごの先へ進めば、右手に現れるのが名倉医院である。「えっ、このお屋敷って、都が管理している○○庭園じゃないの？」と思うのは、あたしだけではないはず。その立派さに思わず感心してしまう。

明和年間（一七六四〜七二）に接骨医として開業し、幕末の頃には三万平方メートルもの敷地があったという。真偽のほどは分からないが、勝海舟や榎本武揚らも遊んでいたんだとか。案内板には「骨つぎといえば名倉、名倉と言えば骨つぎの代名詞になるほど関東一円に知られ……門前の広場には駕籠や車で担ぎこまれる患者がひしめいていたという」とある。へぇ〜、とにかく凄いの一言。「なぐら」と「なぎら」じゃ大違い。

やっちゃば通りもそうだが、この宿場通りも歴史ある建物を残そうという気概を感

これが名代の槍かけだんご

じるし、またそこには宿場町だったという自負心も表れている。道往く人がそうしたことを気にしていない様子がちょっと寂しいのだが、見慣れてしまっている地元の人の関心とはそんなものなのかもしれない。

目の前に荒川の土手が見えてくる。土手を上がってみましょうか……。

右方向には、千代田線、常磐線、つくばエクスプレス、その先には東武伊勢崎線の鉄橋が見える。その一キロちょいと下流には堀切橋があるのだが、夏には鉄橋との真ん中辺りで足立花火大会が行われる。

あたしはケーブルテレビ足立の実況中継で、何回かゲストに呼ばれたことがある。花火が上がっている間はいいのだが、花火が終了すると、橋の上から野次とも罵声ともつかないダミ声が途切れることなく降り注いでくる——この辺りのガキは悪いからな～。その中の一人が「なぎら～、足立区はお前にやるぞ」と言っていたから、足立区はあたしのものと思っていいのかね。あら、土手の上から遥か向こうに建設中の東京スカイツリーが見えますよ。

ここまでゆっくり歩いて約一時間経過。少し休憩と思ったが、飲み物も何も買ってこなかった。しまったと思いつつ、鉄橋に向かって再び歩き出し、ＪＲと東武線の真

立派な名倉医院

ん中辺りをぶらぶら駅方向に向かう。

ゆっくり歩いて、約三十分で駅に到着。しかし北千住駅前は見事に変わってしまった。高校の時、北千住に住んでいる友達が大勢いたので、よく遊びに来たのだが、その頃と比べると隔世の感がある。旧日光街道辺りは確かに地元の尽力で宿場町の面影を残しているが、そうしたもの以外は北千住も変貌いちじるしい。

路地裏の商店街で「歓迎！　帝京科学大学」と書かれた垂れ幕を見かけた。学び舎は今年（二〇一〇）四月に開学され、将来は二千百人くらいまで学生が増えるという。つまりこの先、まだまだ北千住は変わるということであろう。

北千住を下町と呼ぶ粗忽《そこつ》者がいるが、宿場町の北千住が下町のわけがない。しかし路地などを歩いていると、往時の東京を感じることができる。往時の東京とは町の形態だけではない。そうした息吹を感じるのである。そこにかつて宿場町として栄えた北千住が存在しているのである。

足早に紹介してしまったが、宿場町としての北千住はまだまだ見所がある。あたしも当分の間、この町の路地を徘徊するに違いない。

さて、町の息吹を感じるために、『大はし』か『永見』で一杯飲《や》るとしましょうか。

早稲田と、Mの思い出

地下鉄東西線早稲田駅を出て、辺りを見渡した。眼の前の交差する道は今も同じだが、周囲はすっかり様変わりしてしまった。そうだよ、ここから馬場下町を抜けて、毎朝、公園目指して自転車にまたがっていたんだよ……。

もう三十五年も前の話になる。Mと初めて会ったのは、西戸山公園で手配師の「五千円、あとふたりいないか」の声に誘われて、建築現場へ向かうワゴン車の中でのことであった。

当時、早稲田からさ程遠くない高田馬場職安出張所、そして西戸山公園の周辺には、朝早くから数百人の労働者が集まり、手配師に仕事を斡旋され、車や電車で建築現場へと向かっていた。いい仕事を得るには、早朝の数時間が勝負であった。これを馬場の寄せ場という。

現場まで、私もMも言葉を発することなく、ニッカーボッカーを穿《は》いたオヤジが時折、ポツリと口を開くだけであった。あたしひとりジーパンで、何やら気まずい思いをしたのを覚えている。

その頃私は、明日は明日のなんとやらで、毎日呑気に構えていたが、ついに仕事がなくなり、さすがに霞では腹が膨れず、日雇いの工事人夫をやるようになっていた。Mと話をしたのは、日雇いをやって三日目だっただろうか？　昼休み、そば屋のノレンをくぐると、先客として彼がいた。相席を望んだわけではないのだが、他に空いている席は見当らなかった。「いいですか座って？」そう訊くと、彼はちらっとこっちを見やって「どうぞ」と素っ気なく言った。

その日の現場は中野であり、一戸建ての解体工事であった。杉の丸太をナマシ番線で締め上げ、足場を組むのが我々の仕事であった。私が慣れない手つきでシノを使い番線を巻いていると、手慣れた彼はぶっきらぼうではあったが、アドバイスをくれた。

「さっきはどうも」

私が口を開くと、一瞬何のことかと探るように首をひねって「ああ」と答え、唐突

このあたりの神田川は変わらない

に「ビール飲む?」と訊いてきた。彼の目の前にはビールの大ビンと、そしてビールが注がれたコップがあった。

——この時間からビールを飲んでいるのかい?

私は戸惑い、言葉を探していると、彼が「オネエさんコップ頂戴」と店の女性に声をかけた。

Mに早稲田の安酒場に誘われたのは、その夜のことである。私は初めてその店で焼酎のハイボールという物を口にした。まだチューハイは一般的ではなく、一杯が七十円であった。

「俺さ、早稲田の学生なんだよ。もっともここ二年ほど、まともに学校になんて行ってないけどな」

確かに当時の寄せ場には、いかにも貧乏学生と思われる姿もあった。話が進むと共に、二つ三つ年上だと思われた彼が、私と同じ歳だったことを知る。彼はI・Mと名乗り、私の質問にとつとつと答え、酒が進むにつれ饒舌になりさらに自分を語った。

「映画撮っているんだよ……演出だけどな。最初は映画研究会に入っていたんだけど、生温くてダメだよ。ATGとか観に行っている内に分かったんだけど、学生が目指し

こうした飲み屋で語っていた……

ているのは所詮キレイごとの、お坊ちゃんやお嬢ちゃんの学芸会なんだよ」

「ほら、これ、俺が書いた脚本だよ」そう言って原稿用紙の束をカバンから出してみせたが、私が手を出して取ろうとすると、彼は笑いながら「まだダメ。時が来たらな」と言って、カバンに戻してしまった。

「洋画より、邦画がいいのかい?」

私の質問に対して、彼は邦画の良さを熱く語り始めた。「あんた、唄やっているのかい? いずれよ、俺が映画撮るようになったら、あんたの唄使ってやるよ」

私はただ笑ってうなずいていた。

それからというもの、朝寄せ場で彼と顔を合わせると、なるべく同じ現場を選んだ。日当《デヅラ》が五千円であった。肉体的にはキツイ仕事もあったが、手馴れぬ仕事は珍しさも伴い、辛いとは感じなかった。

早稲田鶴巻町辺りを歩いてみた。なんとなくあの当時のことが茫洋と蘇るのだが、それが眼の前の風景と一致しない。当時私は、早稲田鶴巻町にあったEのアパートに転がり込んでいた。そこから毎朝、日銭を稼ぐため、西戸山公園の寄せ場に自転車で通っていた。Eが住んでいたアパートは、確かこの辺りだったと見当をつけたのだが、結局その場所は分からずじまいであった。

仕事が終わると、毎日のように安酒をあおった。

Mとは現場が別の場合でも、どちらか先に早稲田に帰った方が、行きつけの飲み屋で待つようになっていた。最初の頃の遠慮はとうになくなり、話は芸術論から戯れ話と、脈絡もなく続いた。そうした時間を過ごすことで今を忘れようとしていたのか、しかし、そんな時間が楽しかったのである。

「最近映画は観ないのかい?」と訊くと、憮然とした表情で、「観るに値する映画がない」としか返してこなかった。なんの拍子だったか「俺が撮らなきゃ……」と自分に言い聞かせるようにうなずいたのを覚えている。

そういえば一度、学生と思しき連中と喧嘩になったことがあった。理由は酒が入っている同士、つまらないことであった。こちらはふたり、相手は四人だったか、多勢に無勢到底敵わないのを知っていながら、向こうが早稲田の学生だと名乗った瞬間、Mは飛びかかって行った。何を思ってのことなのかは知らないが、Mは怒りをあらわにしていた。結果は惨憺《さんたん》たるものであった。

「飲み直そう」Mはそう言うと、眼の前の居酒屋に入って行った。


早稲田大学の正門前を通って、裏道を抜けた。早稲田の象徴であった角帽を売る『水野帽子店』が眼に入った。学生服を着用しない今の時代、角帽なんて売れるのであろうか？

やがて都電の早稲田駅を通り過ぎ神田川へ出て、豊橋の上にたたずんだ。Mとよく行った居酒屋はすでになくなっていた——いや、場所すらよく覚えていない。それだけ町は変わってしまったのだ。


馬場下町の交差点まで戻ると「こんにちは」と、ふたりの若者から声をかけられた。

「僕たち、映画を撮っているんです」

そういって若者はカバンから台本らしきものを取り出して見せた。

「ええっ！」

私は言葉を失った。

「田端英二っていいます。役者と演出やってます。彼は増田和由といって、演出の方

水野帽子店

をやっているんですよ」

こんな偶然ってあるんだろうか……まるで作られた話のようではないか。

しばらく会話を交した後「頑張ってな」そう言って別れたが、その偶然に、シンクロニシティを感じるのを禁じ得なかった。


「親父がやばいらしいんだ」

グラスを手にして、唐突にMが言った。

「えっ？」

「危篤だって電報が来たんだ」

彼は眼を中空に泳がせた。

「帰るの……」

「ああ……でも帰るってことは、もう戻れないってことだよ……多分。家族は俺がダブっていることを知っているし、学校にもあまり行っていないことも知っているから……家業もあるしな」

私は何も答えず、彼のグラスを持つ手を見つめていた。「乾杯」突然彼はそう言っ

元気印の田端君と増田君

てグラスを差し出した。私もグラスを差し出すと、Mは憚《はばか》ることのない大声でもって「早稲田大学五年生M、今卒業です。カンパ〜イ!」と、グラスを合わせてきた。

あの時間は一体なんだったのだろう? 青春の一ページなんて甘ったるい言葉は使いたくないが、多分それだろう。

一回だけ私が留守の時、Eの部屋に電話があったという。Eが「今、いない」と応対すると、電話はそのまま切られたという。それ以来音沙汰はない。早稲田大学五年生、今どうしているんだろう……まだ時は来ないのかい。

先生と歩いた亀戸

亀戸にある『カメリアホール』では、毎年コンサートをやっている。したがって久しぶりの亀戸ではないのだが、こうして町中を歩くのは久しぶりのことである。駅前から『亀戸餃子』のある路地へ入り、飲食店街を歩く。昔、この中ほどに『大松』という、末枯れていて様子のいい飲み屋があった。しかしこの辺りの店も、みんな代わりしてしまった。そうだ、あの店はどの辺りにあったのだろうか？

二十数年前、あたしは明治大正の演歌、俗にいうヴァイオリン演歌に傾倒していた。その社会抗議性や時事的な要素を持った演歌は、フォーク・ソングの精神と似ているものがあったからである。そんな折、最後のヴァイオリン演歌師と呼ばれた、桜井敏雄師と知り合う機会があった。当時八十歳に近付かんとしている年齢ではあったが、背筋をピンと伸ばして歌う姿は矍鑠《かくしやく》としており、教わるべきことが多かった。その桜井先生のお宅は亀戸の四丁目にあり、あたしは日参して演歌を教わっていた。

先生、若い時分は相当な酒飲みであったと聞くが、後年胃を患い、あたしと知り合った頃はすでに酒を断っていた。しかしお宅にお邪魔すると「あなたは飲みなさい」と、到来物である酒を振舞ってくれた。往時の話を聞いたり、演歌を教わっている時間は楽しかった。先生もそれが楽しみであるかのように饒舌に語り、時間を気にすることもなくあたしに接してくれた。

あれは平成になって間もない頃であったか、先生から突然「なぎらさん、飲みに付き合ってくれませんか」と電話が入った。「でも先生、お酒は断っているんですよね」と訊くと、「ええ、私は飲めませんが、どうしても付き合ってもらいたい所があるんです」と語る。なんでも、知り合いが飲み屋を開店したということであった。しかし自分は飲めないので、代わりに付き合って飲んでもらいたいということなのである。あたしはふたつ返事で了解をし、先生のお宅へ馳せ参じた。

先生の住まいがあった、横十間川の近くから亀戸の駅方向へ歩いて行った。

三人の師匠。後ろから、高田渡、ジミー時田、あたし。前に桜井先生
(1995年撮影)

「あそこです、あの店です」と先生が指で示す場所に、飲み屋の灯りがあった。

ドアを開けると店主が顔を上げ、満面の笑みを浮かべ「先生、よく来てくれました」と、我々を中に招き入れた。

「なぎらさんだよ。今、演歌を覚えているんだ」そうあたしを紹介しながら、店主に祝儀袋を渡した。

「いや〜、そんなに気を使わなくても……ありがとうございます。えっ、なぎらさんってもしかして、あのテレビに出ているなぎらさん？　へぇ〜、こりゃ驚いた、知ってますよ。ほぉ〜演歌習っているんだ」と感心したような顔付きになり、「厳しいだろ、先生は」と言葉をついだ。

カウンターの中から奥さんらしき人物が「先生、お久しぶりです」と声をかけてきた。

「ああ、本当だね。元気そうじゃないか」

一連の挨拶が終わると、店主が「ところで先生、何を飲みますか」と訊いてきた。

「いや、私は飲めないから、なぎらさんに何か出して上げて」と、あたしに好きなものを飲みなさいと促した。

その店主の名前をTと言った。先生の兄弟弟子であった新宿の演歌師の孫弟子にあたる人物で、流しをやっていたが、カラオケに移行する時代であり商売にならず、奥さんとこうして飲み屋を始めたということであった。店名は名前と同じ『T』であった。

「先生、俺も飲んでいいですか?」Tがそう訊いてきた。

「ああ、構わないよ。好きなものをお飲み」

「ありがとうございます。しかし本当に久しぶりですよね」そう言って、Tはグラスに注いだ酒を一気にあおった。

かつて演歌師は流しとは違い、歌本を売るのが商売であった。「この本にはこうした唄が載っています」と、それを歌ってみせた。しかしレコード産業のあおりで、歌本は売れなくなり、ほとんどの演歌師は流しに転向をしていった。流しは路上で商売をするということで、露店商と同じ鑑札がいった。Tは新宿の露店商の組織に身を預けていたが、先生もかつては同じ団体に身を置いていた。Tの師匠と先生は、その頃の兄弟分であった。

ふたりは流し時代の話を思い出し思い出ししては、うなずきあいながら懐かしんでいた。久しぶりの再会がよほど嬉しかったのか、Tの飲むピッチは上がっていた。あたしに酒を勧めるより自分の酒に気が行き、手酌で次から次へと酒をあおった。奥さんが「あなた、いい加減にしなさいよ」と言っても「うるせぇな、おめぇは、黙っていろよ」と取り合わず、グラスを立て続けに空にした。

二時間ぐらい経ったであろうか、

「先生よ〜、なんで兄貴の葬式に出なかったんだよ。えっ？」

目の据わったTが話の脈絡を折り唐突に言った。兄貴とは自分の師匠のことである。先生はその言葉に驚いて目を開いた。

「だからあれはね、新宿のSさんにも伝えたとおり、仕事で地方に行っていたもんで列席できなかったんだよ」

「兄貴はあんたの、兄弟分じゃねぇのかよ」

やさしく答える先生とは裏腹に、Tの口調はさらにぞんざいになっていた。

「だからTな、無理だったんだよ。一晩では帰って来れなかったんだよ。そりゃ悪いと思っているよ。だから私は毎朝、仏壇の過去帳に手を合わせているんだ」

「T」のあったのは、たしかこんなような場所だった

「過去帳じゃねぇんだよ、なんで葬式に出なかったと、訊いているんだよ」

「だからT……」

先生は厄介なことになってきたとばかりに、あたしをちらっと見やった。

「おい、なぎらさんよ、こんな薄情な男に演歌なんか教わったってダメだよ」

Tは先生の視線をたどり、矛先《ほこさき》をあたしに向けてきた。

「T、喧嘩でも売っているのかい？」

先生は言葉を荒げた。そこに奥さんが割って入ってきた。

「先生、勘弁して下さい。この人、酒が入るといつもこうなんです。すみません、すみません」

「うるせぇんだよテメェは。テメェに何が分かるんだよ！」

Tの呂律はかなり乱れていた。

Tの暴言は速度を増し、いずれ喧嘩腰になり、「戸外《そと》へ出ろ」となったとき、あたしたちはその店を後にした。

店の中からはTの怒鳴る声と、奥さんの泣き声が聞こえていた。

その話がどこから漏れたのか、新宿の耳に入ることになり、何人かがTの店に押しかけた。酒で何も覚えていないというTはただ立ちつくし、泣きながら奥さんが土下座をしてあやまったと、後日先生から聞いた。

それから何年か後だったか、あたしはその時のことを思い出して先生に何げなく「Tはどうしましたかね?」と訊いた。先生は躊躇《ちゅうちょ》したようにあたしを見やってから、眼を落とした。先生は言葉を探しているようであった。ちょっとの時間沈黙があった。あたしは何か悪いことでも訊いたかのように戸惑い、壁の方を見ていた。感情を押し殺し、「刑務所に入っている」と先生が口を開いた。

「ええっ!」

「うん」

「何かやったんですか?」

「……」

先生は再びうつむき、しばらくあった後、小さな声で言った。

「女房を……殺した」

言葉の痛みに顔をしかめながらも、確かにそう言ったのだ。

あたしの頭は一瞬真っ白になった。

Tがあの奥さんを……。

酒が入っていたんだろうか、それを止める役目だった奥さんを殺《あや》めてしまったというのか。あたしはしばし言葉を失ったまま目を泳がせていた。いろいろなことが頭に浮かんだが、あたしはそれ以上何も訊かなかった。先生もまた、口を開こうとはしなかった。


あの店は、どの辺りにあったのだろうか？

路地から路地と歩いたのだが、結局『T』のあった場所は分からずじまいであった。Tが生きていれば、とっくに六十は過ぎているはずである。Tの心には奥さんの残像が重くのしかかっているに違いない――のしかかっていると信じたい。後悔しきれない代償は大きいはずである。

桜井先生は平成八年、八十七歳で鬼籍に入ってしまった。あの頃を思い、亀戸の町を歩いている。遠くに東京スカイツリーが見える。先年、亀戸もかなり変わってしまいましたよ。

あの夜は……あれは幻のような気がする

都電荒川線沿線再び

さて困った。あたしは都電となるとさほど馴染みもないし、造詣も深くない。少ない都電への思い出や、心の内はすでに雑誌や書籍で紹介してしまった。

そんな按配で思い悩んでいると、ふと思い出した。拙著、写真集〈町のうしろ姿都電沿線２００６年夏〉があるではないか。

これは東京最後の都電、荒川線沿線の写真集である。もっともこれは副題にあるように、荒川線そのものの写真集ではなく、あくまで沿線のスナップ集である。よ〜し、あれから五年経った今、あの風景はどのように変わったのか、あるいは変わらないのか歩いてみようではないか、そう思い立ったのである。

そもそもこの一冊を撮らせた理由は、二〇〇五年、都電を扱ったムック本の撮影に始まる。同年には、やはり写真集〈東京のこっちがわ〉を上梓したのだが、そのときに撮った〈鬼子母神前〉駅の踏切脇にあった豊島屋という様子のいい店が、ムック本の撮影時には失くなっていたのである。それを目の当たりにして、何やら愕然《がくぜん》とさせられた。都電沿線には、よき東京の景観を残している町が多い。それが変わりつつあると知って、〈町のうしろ姿〉を撮ることになったのである。

都電荒川線は約十二キロの間に三十駅あり、荒川区、北区、豊島区、新宿区を走り抜けている。下町の風情を今に残している〈三ノ輪橋〉から、山の手である武蔵野台地の端、〈飛鳥山〉を往き〈早稲田〉にいたる。暑い最中、路線に沿ってひたすら歩いた。撮影枚数はゆうに数千枚を越えた。ということで、あの時を思い出しながら、いざ出発。

まずやって来たのは〈三ノ輪橋〉。この辺りはたまに訪れるし、さしたる変貌も感じない。そうだ、ジョイフル三ノ輪商店街に並行する裏道に、すでに廃業してしまった『君島』ってな飲み屋があったが……どこだ？

あれ〜ない。なんぞと何回か行ったり来たりするのだが、場所が特定できないのだ。多分ここじゃないかな、とおぼしき場所に見当をつけて、カシャ！　しかし家に帰っ

鬼子母神の、これが『豊島屋』

現在。ここも開発されるのか

てその写真を見たのだが、周りの風景がなんだか違う。あたしゃどうにも釈然とせず、次の日も出かけてみた。で、地元の住民らしき人物を見つけて訊いてみると、「ここだよ」と指をさす。やっぱり合っていたんだ……まあ、あの時すでに廃業していたんだから然《さ》もありなんですかな。

歩いて〈町屋駅前〉に到着。ええ〜っと、高架下にあった物干し台は……ただ今工事中。工事中はいいのだが、あれれ〜どこだい……キョロキョロしても全く埒が明かない。写真のバックに写り込んでいる建物を探す。あった〜、後ろの建物がなければおそらく分からなかっただろう。高架下は金網が張られ、通り抜けることもままならないし、全く変わってしまっている。のっけからこれじゃ、この先思いやられるんじゃないかな〜、たぶん多難だぞ。

〈熊野前〉まで都電で移動。あるわきゃないだろうなぁと、やはり撮影時には廃業していた『関精肉店』を探す。ここだ……しかしどうですこの変わりよう。実はあたし、この店が営業している頃にも写真を撮っている。だんだんこうした個人店舗が廃業に追いやられる。で、商店街はシャッター通りになってしまう。なんだか切ないですな。

三ノ輪橋の君島。どうです、末枯れていていいでしょ？

現在。まるで違う風景になってしまった

町屋駅前。なんでこんなところに物干しが

現在。フェンスに囲まれていた

熊野前の『関精肉店』。すでに営業してはいなかった

現在。ずいぶん変わっちゃったね

お次は〈王子〉。よもや、飲み屋街のさくら新道は変わっていないだろう。確かに飲み屋街のさくら新道は飛鳥山の下にちんまりと納まっていた。しかしどうにもこの飲み屋街は様子がいい。もっともここも経営者はみんなお年寄りばかりで、早晩消えてしまうのかもしれない。あれれ一体誰だい、杉の木を伐ってしまったのは……。

〈庚申塚〉で都電を降りて、とげぬき地蔵商店街と逆方向に歩く。やはりそば屋の『むさしや』の建物もないか……隣に一軒残された日本家屋が、ポツリと寂しそうである。戻って、とげぬき地蔵商店街を歩く。ここはおばあちゃんの原宿と呼ばれるだけあって活気がある。しかし、注意をして見れば、結構リニューアルされてしまった店も多い。

歩いて巣鴨新田まで向かう。おっと、定点はここだ。かつてこの壁には、住民の「15階建て反対！　分かって下さい。許して下さい」という切ない声の張り紙があった。張り紙も幟《のぼり》も撤去されてしまい、見上げるような十五階建てが……許してくれなかったんですね。

王子駅裏の飲食店街、さくら新道

看板はかわったが、さくら新道は飛鳥山の下にちんまりと残っていた

この傘はながらくあったんですが

現在。ああ、ばっさり杉の木が！

寂しそうだけどいいなあ

現在。またひとついい風情の建物が

15 階建て反対

今はあきらめの境地か

〈都電雑司ヶ谷〉まで歩いて――都内には珍しいあの緑がある風景は――あたしの足は止まった。目の先に蔵は残っているものの、緑はまるで消え、しかもフェンスに囲まれて駐車場になってしまっている。あの緑がある風景、好きだったんですけどね。訊くと、ここに道路が通るそうな。便利になるんでしょうね、きっと――そりゃそうだ、あの景観を殺してしまったんだから、便利にならなきゃバチが当たる。

〈鬼子母神前〉電停近くの洋風長屋（？）にあった中華料理屋の『三幸』も喫茶店になってしまっていた。東京風のラーメンを食べさせてくれる店だったんですがね。

〈面影橋〉まで都電に揺られる。『松屋食料品店』、あってくれよと祈り、遠くから眺めると、いや〜あるではありませんか。しかし側に寄って見ると、どうも営業をしていないように見受けられる。枯れたオーシャンブルーが一層哀れでならない。

〈早稲田〉で、なくなった駄菓子屋跡を撮影。この場所も、近所の人に訊かなくては分からなかった。そして古い家屋の向こうに見える高層マンション、ここも手前にあった家屋が数軒消えてしまっている。駄菓子屋跡もこの場所も一掃されて、道路が通るということである。駄菓子屋の所在地を尋ねた方が「でもね、遅々として進まない

これが都内の風景とは

現在。これが都内の現実

この欅並木道いいんですよ

現在。少しずつ変わっていく

こうした商店って安心する

現在。おいおい、閉まっちゃったのかい

おじいさんが店番していた

どこに行っちゃったんだろう

空の広さは変わらない

現在。空の広さは変わらないが

んですよ。みんな腰が重くてね」。

そりゃ～どきたくないさ！

とまあ、今回は駆け足の紹介になってしまったが、その変貌の様はとてもここでは紹介しきれない。わずか五年でこの変わりようである。まあ、失くなりそうなモノを被写体に選んではいると言っても、東京の目まぐるしい移り変わりは、あまりに激しいとしか言いようがない。それも大きく変貌をとげれば否応なしに目につくが、ことマイナーチェンジとなると、つい見逃してしまう。わずか五年で……いや、されど、五年と言うべきか……。

あとがき

この『東京路地裏暮景色』にまとめた文章のほとんどが、雑誌『荷風！』に連載をしていたものである。連載の第一回目は二〇〇四年であるからして、思えば結構な月日が経ってしまった。

そして、今回の文庫化に当たり文章を読み返してみて、「あれっ、こんな文章書いたんだっけ？」と首をひねることもままあった。週刊連載などの回転の速い文章となると、その流れを頭に留めておかなければならないもので、詳細はともかく大まかなことは覚えている。ところが『荷風』の連載当初の文章は記憶が散漫であり、あまり覚えていないのである。これは連載ということを意識せず、毎回単発の書き下ろしという気持ちで書いていたからではないか。そうした意味で、以前書いた文章をあまり意識することがなかったからだと思われる。したがって、くどいように同じことを繰り返している文章もある。一話の長さもまちまちであるし、文体も統一されていない。

ちょっと飾って言わせていただければ、いつも新たな気持ちで文章に向かっていたから、ということになるのだろうか。読者のみなさんはいささか戸惑うかもしれないですがね……すんません。

連載時にリアルタイムの話もあれば、昔を思い返しての文章もある。茫洋とした記憶をたどってそれを絞り出したものもあれば、思い悩んだ末の苦肉の策もある。テーマを与えられるごとに、何を書こうかと思い悩んだ。

しかしそこに共通するものは、東京ということである。あたしは東京で生まれ東京で育ち、言ってしまえば東京しか知らない。そんな東京を思い巡らせての文章である。

築地から新富町
銀座から木挽町
ここが俺の生まれた町さ
ここが生まれた町さ
新宿《にいじゆく》から小合町
金町から桜土手

ここが俺の育った町さ
ここが育った町さ

深川から東陽町
洲崎から南砂
ここが人を愛した町さ
人を愛した町さ

今都会には、土地に対しての執着や責任のない人たちが余所から移り住み、自分たちの育んだ空気をそこに持ち込む。その土地で生まれ育った人たちは、戸惑いを覚えながらも傍観をしている。それに倣うことを〝好し〟としなかったはずなのに、知らず知らずのうちにその生活感は流されていってしまっている。時として、その土地に根付いた文化、風習を伴ったものも一緒に持っていかれてしまう。気がついたときには、もう取り返しがつかなくなっている。

これは都市の宿命のようなものなのかもしれない。都市というパレットの上で新たな色が生まれ、自分たちのカラーが塗り替えられてしまっている。もっともそうした繰り返しが、都市を発達させたのかもしれない。人はその中で生きていくことに疑問を持たず、慣れることが当たり前のようになってしまった。

しかし過日、その土地で生まれ、そこで暮らしている人たちはハタとあの頃のことを思い出す。思い出をひとつひとつ拾っては、そこに埋もれている自分を拾ってみる。そして、その時代に自分を当てはめる。良しにつけ悪しきにつけ、懐かしい思い出としてうなずく。そこには自分が過ごした町がある。

あたしにとってはそれが東京であり、路地裏であり、暮景色なのである。自分自身にしか知りえない今より若い自分がそこにいるのだ。

あたしは雑多な街、東京が好きなのである。東京は変わってしまった。これからも、ますます変わっていくに違いない。いずれ、それについて行けなくなる日が来るかもしれない。ならばあたしは往時の東京を、そして今の東京を忘れるわけにはいかない。そこに存在した自分をなぞっておかねばならない。そんな気持ちの一冊である。

最後になりましたが、連載時にお世話になりました時間旅行社の編集者壬生篤さん、文庫化に当たって力を尽くしてくれた、ちくま文庫の長嶋美穂子さん。その間をかけ持ってくれた、我がマネージャーの田中卓史さん、共に感謝です。そして読者の方々、感謝です。

二〇一一年九月

なぎら健壱

初出一覧

第一章　町と時間を彷徨う

新宿を彷徨う――「地図物語　あの日の新宿」武揚堂平成20年11月

〝70年代〟新宿物語――「荷風！」平成16年7月発行　第一号

近いがゆえに、遠い街・銀座――「地図物語　あの日の銀座」武揚堂平成19年9月

「荷風！」平成17年6月発行　第四号

銀座居酒屋道――「地図物語　あの日の銀座」武揚堂平成19年9月

「バー」は何処へ　洲崎のお姐さん――「荷風！」平成16年10月発行　第二号

深川――初めてのホッピーと、死んだT――「荷風！」平成17年3月発行　第三号

「荷風！」平成18年12月発行　第十号

あたしと吉祥寺――どこか波長の違う街――「荷風！」平成19年9月発行　第十三号

追悼・高田渡――「荷風！」平成17年9月発行　第五号

高田渡の〝お兄さん〟～酒と日本橋久松町――「荷風！」平成19年12月発行　第十四号

上野とあたし――「荷風！」平成17年12月発行　第六号

神保町とあたし――「荷風！」平成18年3月発行　第七号

八重洲のシゲちゃん――「荷風！」平成19年3月発行　第十一号

池袋は不思議な街――「荷風！」平成20年3月発行　第十五号

〝下町の空気〟が漂う町――柳橋・両国・錦糸町――「荷風！」平成19年6月発行　第十二号

浅草……思い出すままに――「荷風！」平成20年12月発行　第十八号
浅草居酒屋道――「地図物語　あの日の浅草」武揚堂　平成19年1月
あたし的都電案内――「散歩の達人　都電荒川線完全案内」交通新聞社平成18年7月
懐かしい何かを感じさせる町――都電荒川線――「荷風！」平成20年6月発行第十六号
昭和三十年代東京～小遣いが欲しかったあの頃――「荷風！」平成18年6月発行第八号
東京オリンピックの頃のあたし――「荷風！」平成20年9月発行　第十七号

第二章 今の町を歩く～江戸探し行脚
日本橋から品川へ――「荷風！」平成21年3月発行　第十九号
勝手知ったる深川を歩く――「荷風！」平成21年6月発行　第二十号
司馬遼太郎の本郷界隈を歩く――「荷風！」平成21年9月発行　第二十一号
気がつけば神田にいる――「荷風！」平成21年12月発行第二十二号
日比谷公園独りピクニックの記――「荷風！」平成22年1月発行　第二十三号
北千住をゆく――「荷風！」平成22年4月発行　第二十四号
早稲田と、Ｍの思い出――「荷風！」平成22年7月発行　第二十五号
先生と歩いた亀戸――「荷風！」平成22年10月発行　第二十六号
都電荒川線沿線再び――「荷風！」平成23年1月発行　第二十七号
「荷風！」平成23年4月発行　第二十八号

本書は、ちくま文庫のためのオリジナル編集である。

ちくま文庫

東京《とうきょう》路地《ろじ》裏暮《うらくれ》景色《げしき》

二〇一一年十一月十日　第一刷発行
二〇一四年十月二十日　第三刷発行

著者　なぎら健壱（なぎら・けんいち）
発行者　熊沢敏之
発行所　株式会社　筑摩書房
東京都台東区蔵前二―五―三　〒一一一―八七五五
振替〇〇一六〇―八―四一二三
装幀者　安野光雅
印刷所　凸版印刷株式会社
製本所　凸版印刷株式会社
乱丁・落丁本の場合は、左記宛にご送付下さい。
送料小社負担でお取り替えいたします。
ご注文・お問い合わせも左記へお願いします。
筑摩書房サービスセンター
埼玉県さいたま市北区櫛引町二―六〇四　〒三三一―八五〇七
電話番号　〇四八―六五一―〇〇五三

ISBN978-4-480-42880-6 C0195